**POESIA COMPLETA
DE RICARDO REIS**

FERNANDO PESSOA

POESIA COMPLETA DE RICARDO REIS

ORGANIZAÇÃO
MANUELA PARREIRA DA SILVA

COMPANHIA DAS LETRAS

7	NOTA PRÉVIA

PARTE I
12 ODES — LIVRO PRIMEIRO

PARTE II
26 ODES E OUTROS POEMAS

APÊNDICE
141 A. POEMAS LACUNARES E FRAGMENTOS
149 B. ODES E POEMAS VARIANTES

170 NOTAS
206 ÍNDICE DOS PRIMEIROS VERSOS

214 SOBRE ESTA EDIÇÃO
MANUELA PARREIRA DA SILVA

226 "TENHO MAIS ALMAS QUE UMA"
PAULO HENRIQUES BRITTO

248 SOBRE O AUTOR

NOTA PRÉVIA

Reúnem-se, nesta edição, as odes publicadas em vida por Fernando Pessoa e por ele atribuídas a Ricardo Reis, assim como todas as outras odes e poemas atribuídos ou atribuíveis a esse heterônimo, existentes no espólio da Biblioteca Nacional de Lisboa e, na sua quase totalidade, publicados postumamente. Incluem-se na parte I as vinte odes publicadas na revista *Athena* (no seu nº 1, outubro de 1924, pp. 19-24), sob o título global de *Livro primeiro*.

Atendendo aos vários projetos elaborados por Pessoa, com vista à publicação da obra de Ricardo Reis, as suas odes seriam organizadas em livros (tendo previsto pelo menos cinco). Este, o primeiro, e único efetivamente acabado, forma, portanto, um conjunto, e como tal deve ser preservado. Nesse sentido, as odes apresentam-se pela mesma ordem e com a mesma numeração romana com que foram publicadas, sem a indicação das datas da sua elaboração. Existindo, porém, no espólio pessoano, testemunhos, por vezes datados, de versões variantes de onze dessas odes (I, III, IV, VI, IX, XII, XIII, XV, XVI, XVII e XX) em estado de acabamento (e assinaladas já em projetos de 1914), embora obviamente preteridas pelo autor no momento da sua publicação, optou-se pela sua inclusão em apêndice. Fornece-se, assim, aos leitores interessados na gênese da obra ricardiana (e pessoana) um mais amplo material de estudo.

A parte II é constituída pelas odes e outros poemas de Ricardo Reis (numerados de 1 a 177) que não foram objeto de uma organização específica de Pessoa ou que alguns editores, depois da sua morte e ao longo dos anos, deram a conhecer. Incluem-se, aqui, as oito odes que o próprio poeta fez publicar, de forma avulsa, na revista *presença* (entre 1927 e 1933).

Uma vez que a maior parte desses poemas se encontra datada, entendeu-se apresentá-los segundo um critério cronológico, indicando-se entre colchetes as datas conjecturadas e colocando, depois, aqueles que não têm data ou que não é possível datar. As versões alternativas de algumas dessas odes e poemas são, igualmente, remetidas para o apêndice. Esse apêndice é, no entanto, constituído por duas partes: A e B.

Constituem a primeira alguns poemas lacunares e fragmentos, numerados de 178 a 194. A sua inclusão foi decidida com base no interesse de que muitos deles se revestem para um melhor conhecimento do corpus poético de Ricardo Reis (já que alguns desses fragmentos nos parecem ser apontamentos para um novo poema, quando não mesmo poemas curtíssimos, à semelhança, aliás, de alguns conhecidos e publicados com a assinatura de Reis). Trata-se sempre, nesse caso, de textos que, embora com um ou dois espaços em branco, permitem uma leitura com um sentido quase perfeito. Não foram considerados, por isso, todos os poemas ou fragmentos demasiado incompletos e, nomeadamente, aqueles a que falta(m) o(s) último(s) verso(s).

O apêndice B é constituído, como atrás se referiu, pelas variantes de odes e poemas existentes no espólio, apresentados pela ordem da sua numeração nas partes I e II e com o acréscimo de uma letra (a, b, c...), para uma melhor identificação.

Desenvolvem-se, em "Sobre esta edição", as questões levantadas quer pela organização deste volume, quer pela fixação do texto e do cânone de Ricardo Reis.

Remetem-se para as notas numeradas todas as ocorrências de variantes encaradas pelo autor, isto é, palavra ou palavras acrescentadas sobre, sob, a seguir (entre parênteses) ou ao lado de uma palavra ou verso, com vista a uma possível e posterior alteração do texto, bem como a indicação das palavras dubitadas, isto é, marcadas com sinalefas por serem consideradas de redação provisória pelo autor. Pretende-se, desse modo, dar ao leitor a imagem real do texto, mantendo à vista as intervenções do poeta, que, de fato, na maior parte dos casos, não nos deixou uma versão definitiva.

As notas sem numeração informam, relativamente a cada um dos poemas (numerados), sobre o número da cota do documento constante da Biblioteca Nacional; sobre a forma como se apresenta:

manuscrito (ms.), datiloscrito (dact.) ou datiloscrito com acréscimos à mão (misto); sobre a não atribuição a Ricardo Reis do poema em causa (abreviado, s. atrib.), sempre que esta não esteja expressa no documento autógrafo ou, de algum modo, não possa ser deduzida. Indicam-se, ainda, nessas notas, outras particularidades do documento, locais e datas de publicação pelo autor, e justifica-se, sempre que necessário, a datação apresentada.

A ortografia dos textos foi atualizada, excetuando-se os casos em que a omissão de uma ou mais letras contribui para um ritmo determinado ou cria um efeito arcaizante particular.

ABREVIATURAS E SINAIS CONVENCIONAIS USADOS NA FIXAÇÃO DO TEXTO E NAS NOTAS

□ – espaço deixado em branco pelo autor
[.] – palavra ilegível
[?] – palavra de leitura duvidosa
dat. – datiloscrito
ms. – manuscrito
r. – reto
s. atrib. – sem atribuição (a Ricardo Reis)
s.d. – sem data
sobrep. – (variante) sobreposta
subp. – (variante) subposta
v. – verso
var. – variante

9

p. 103   R. Reis.   30/⅞/27.

Gozo sonhado é gozo, ainda que (em) sonho.
Nós o que nos suppomos nos fazemos,
        Se com attenta mente
        Reicitirmos em oclio.
Não, pois, meu modo de pensar nas coisas,
Nos seres e no fazer me cumpre.
        Para mim crio tanto
        Quanto para mim crio.
Fóra de mim, alheio ao que penso,
O fazer cumpre-se. Mas em me cumpro
        Sejamos o subito breve
            que de mim me é dado.
                    por

──────────────────────────────

Nem relogio parado, nem a falta
De agua em deposito, as   cheia
        Trem o tempo ao tempo.

O acaso,   sombra   por junto a
Sois dado   lança,   de   ,
        E nenhum ás capo.

O   relogio se me partir
Do nosso   que

PARTE I
ODES — LIVRO PRIMEIRO

I

Seguro assento na coluna firme
    Dos versos em que fico,
Nem temo o influxo inúmero futuro
    Dos tempos e do olvido;
Que a mente, quando, fixa, em si contempla
    Os reflexos do mundo,
Deles se plasma torna, e à arte o mundo
    Cria, que não a mente.
Assim na placa o externo instante grava
    Seu ser, durando nela.

II

As rosas amo dos jardins de Adônis,
Essas volucres amo, Lídia, rosas,
    Que em o dia em que nascem,
    Em esse dia morrem.
A luz para elas é eterna, porque
Nascem nascido já o sol, e acabam
    Antes que Apolo deixe
    O seu curso visível.
Assim façamos nossa vida um dia,
Inscientes, Lídia, voluntariamente
    Que há noite antes e após
    O pouco que duramos.

III

O mar jaz; gemem em segredo os ventos
  Em Eolo cativos;
Só com as pontas do tridente as vastas
  Águas franze Netuno;
E a praia é alva e cheia de pequenos
  Brilhos sob o sol claro.
Inutilmente parecemos grandes.
  Nada, no alheio mundo,
Nossa vista grandeza reconhece
  Ou com razão nos serve.
Se aqui de um manso mar meu fundo indício
  Três ondas o apagam,
Que me fará o mar que na atra praia
  Ecoa de Saturno?

IV

Não consentem os deuses mais que a vida.
Tudo pois refusemos, que nos alce
  A irrespiráveis píncaros,
  Perenes sem ter flores.
Só de aceitar tenhamos a ciência,
E, enquanto bate o sangue em nossas fontes,
  Nem se engelha conosco
  O mesmo amor, duremos,
Como vidros, às luzes transparentes
E deixando escorrer a chuva triste,
  Só mornos ao sol quente,
  E refletindo um pouco.

V

Como se cada beijo
Fora de despedida,
Minha Cloe, beijemo-nos, amando.
Talvez que já nos toque
No ombro a mão, que chama
À barca que não vem senão vazia;
E que no mesmo feixe
Ata o que mútuos fomos
E a alheia soma universal da vida.

VI

O ritmo antigo que há em pés descalços,
Esse ritmo das ninfas repetido,
Quando sob o arvoredo
Batem o som da dança,
Vós na alva praia relembrai, fazendo,
Que scura a spuma deixa; vós, infantes,
Que inda não tendes cura
De ter cura, reponde
Ruidosa a roda, enquanto arqueia Apolo,
Como um ramo alto, a curva azul que doura,
E a perene maré
Flui, enchente ou vazante.

VII

Ponho na altiva mente o fixo esforço
 Da altura, e à sorte deixo,
 E as suas leis, o verso;
Que, quando é alto e régio o pensamento,
 Súdita a frase o busca
 E o scravo ritmo o serve.

VIII

Quão breve tempo é a mais longa vida
E a juventude nela! Ah Cloe, Cloe,
 Se não amo, nem bebo,
 Nem sem querer não penso,
Pesa-me a lei inimplorável, dói-me
A hora invita, o tempo que não cessa,
 E aos ouvidos me sobe
 Dos juncos o ruído
Na oculta margem onde os lírios frios
Da ínfera leiva crescem, e a corrente
 Não sabe onde é o dia,
 Sussurro gemebundo.

IX

Coroai-me de rosas,
Coroai-me em verdade
 De rosas –
Rosas que se apagam
Em fronte a apagar-se
 Tão cedo!
Coroai-me de rosas
E de folhas breves.
 E basta.

X

Melhor destino que o de conhecer-se
Não frui quem mente frui. Antes, sabendo
 Ser nada, que ignorando:
 Nada dentro de nada.
Se não houver em mim poder que vença
As parcas três e as moles do futuro,
 Já me deem os deuses
 O poder de sabê-lo;
E a beleza, incriável por meu sestro,
Eu goze externa e dada, repetida
 Em meus passivos olhos,
 Lagos que a morte seca.

XI

Temo, Lídia, o destino. Nada é certo.
Em qualquer hora pode suceder-nos
    O que nos tudo mude.
Fora do conhecido é estranho o passo
Que próprio damos. Graves numes guardam
    As lindas do que é uso.
Não somos deuses: cegos, receemos,
E a parca dada vida anteponhamos
    À novidade, abismo.

XII

A flor que és, não a que dás, eu quero.
Porque me negas o que te não peço.
    Tempo há para negares
    Depois de teres dado.
Flor, sê-me flor! Se te colher avaro
A mão da infausta esfinge, tu perene
    Sombra errarás absurda,
    Buscando o que não deste.

XIII

Olho os campos, Neera,
Campos, campos, e sofro
Já o frio da sombra
Em que não terei olhos.
A caveira antessinto
Que serei não sentindo,
Ou só quanto o que ignoro
Me incógnito ministre.
E menos ao instante
Choro, que a mim futuro,
Súdito ausente e nulo
Do universal destino.

XIV

De novo traz as aparentes novas
Flores o verão novo, e novamente
    Verdesce a cor antiga
    Das folhas redivivas.
Não mais, não mais dele o infecundo abismo,
Que mudo sorve o que mal somos, torna
    À clara luz superna
    A presença vivida.
Não mais; e a prole a que, pensando, dera
A vida da razão, em vão o chama,
    Que as nove chaves fecham
    Da Stige irreversível.
O que foi como um deus entre os que cantam,
O que do Olimpo as vozes, que chamavam,
    Scutando ouviu, e, ouvindo,

Entendeu, hoje é nada.
Tecei embora as, que teceis, grinaldas.
Quem coroais, não coroando a ele?
　　Votivas as deponde,
　　Fúnebres sem ter culto.
Fique, porém, livre da leiva e do Orco,
A fama; e tu, que Ulisses erigira,
　　Tu, em teus sete montes,
　　Orgulha-te materna,
Igual, desde ele, às sete que contendem
Cidades por Homero, ou alcaica Lesbos,
　　Ou heptápila Tebas,
　　Ogígia mãe de Píndaro.

XV

Este, seu scasso campo ora lavrando,
Ora, solene, olhando-o com a vista
De quem a um filho olha, goza incerto
　　A não pensada vida.
Das fingidas fronteiras a mudança
O arado lhe não tolhe, nem o empece
Per que concílios se o destino rege
　　Dos povos pacientes.
Pouco mais no presente do futuro
Que as ervas que arrancou, seguro vive
A antiga vida que não torna, e fica,
　　Filhos, diversa e sua.

XVI

Tuas, não minhas, teço estas grinaldas,
Que em minha fronte renovadas ponho.
Para mim tece as tuas,
Que as minhas eu não vejo.
Se não pesar na vida melhor gozo
Que o vermo-nos, vejamo-nos, e, vendo,
Surdos conciliemos
O insubsistente surdo.
Coroemo-nos pois uns para os outros,
E brindemos uníssonos à sorte
Que houver, até que chegue
A hora do barqueiro.

XVII

Não queiras, Lídia, edificar no spaço
Que figuras futuro, ou prometer-te
Amanhã. Cumpre-te hoje, não sperando.
Tu mesma és tua vida.
Não te destines, que não és futura.
Quem sabe se, entre a taça que esvazias,
E ela de novo enchida, não te a sorte
Interpõe o abismo?

XVIII

Saudoso já deste verão que vejo,
Lágrimas para as flores dele emprego
   Na lembrança invertida
   De quando hei-de perdê-las.
Transpostos os portais irreparáveis
De cada ano, me antecipo a sombra
   Em que hei-de errar, sem flores,
   No abismo rumoroso.
E colho a rosa porque a sorte manda.
Marcenda, guardo-a; murche-se comigo
   Antes que com a curva
   Diurna da ampla terra.

XIX

   Prazer, mas devagar,
Lídia, que a sorte àqueles não é grata
   Que lhe das mãos arrancam.
Furtivos retiremos do horto mundo
   Os depredandos pomos.
Não despertemos, onde dorme, a erínis
   Que cada gozo trava.
Como um regato, mudos passageiros,
   Gozemos escondidos.
A sorte inveja, Lídia. Emudeçamos.

XX

Cuidas, ínvio, que cumpres, apertando
Teus infecundos, trabalhosos dias
   Em feixes de hirta lenha,
   Sem ilusão a vida.
A tua lenha é só peso que levas
Para onde não tens fogo que te aqueça,
   Nem sofrem peso aos ombros
   As sombras que seremos.
Para folgar não folgas; e, se legas,
Antes legues o exemplo, que riquezas,
   De como a vida basta
   Curta, nem também dura.
Pouco usamos do pouco que mal temos.
A obra cansa, o ouro não é nosso.
   De nós a mesma fama
   Ri-se, que a não veremos
Quando, acabados pelas parcas, formos,
Vultos solenes, de repente antigos,
   E cada vez mais sombras,
   Ao encontro fatal –
O barco escuro no soturno rio,
E os nove abraços da frieza stígia
   E o regaço insaciável
   Da pátria de Plutão.

RICARDO REIS

PARTE II
ODES E OUTROS
POEMAS

1

Mestre, são plácidas
Todas as horas
Que nós perdemos,
Se no perdê-las,
Qual numa jarra,
Nós pomos flores.

Não há tristezas
Nem alegrias
Na nossa vida.
Assim saibamos,
Sábios incautos,
Não a viver,

Mas decorrê-la,
Tranquilos, plácidos,
Tendo as crianças
Por nossas mestras,
E os olhos cheios
De Natureza...

À beira-rio,
À beira-estrada,
Conforme calha,
Sempre no mesmo
Leve descanso
De estar vivendo.

O Tempo passa,
Não nos diz nada.
Envelhecemos.
Saibamos, quasi

Maliciosos,
Sentir-nos ir.

Não vale a pena
Fazer um gesto.
Não se resiste
Ao deus atroz
Que os próprios filhos
Devora sempre.

Colhamos flores.
Molhemos leves
As nossas mãos
Nos rios calmos,
Para aprendermos
Calma também.

Girassóis sempre
Fitando o sol,
Da vida iremos
Tranquilos, tendo
Nem o remorso
De ter vivido.

12-6-1914

2

O deus Pã não morreu,
Cada campo que mostra
Aos sorrisos de Apolo
Os peitos nus de Ceres –
Cedo ou tarde vereis
Por lá aparecer
O deus Pã, o imortal.

Não matou outros deuses
O triste deus cristão.
Cristo é um deus a mais,
Talvez um que faltava.

Pã continua a dar
Os sons da sua flauta
Aos ouvidos de Ceres
Recumbente nos campos.

Os deuses são os mesmos,
Sempre claros e calmos,
Cheios de eternidade
E desprezo por nós,
Trazendo o dia e a noite
E as colheitas douradas
Sem ser para nos dar
O dia e a noite e o trigo
Mas por outro e divino
Propósito casual.

12-6-1914

3

Os deuses desterrados,
Os irmãos de Saturno,
Às vezes, no crepúsculo
Vêm espreitar a vida.

Vêm então ter conosco
Remorsos e saudades
E sentimentos falsos.
É a presença deles,
Deuses que o destroná-los
Tornou espirituais,
De matéria vencida,
Longínqua e inativa.

Vêm, inúteis forças,
Solicitar em nós
As dores e os cansaços,
Que nos tiram da mão,
Como a um bêbado mole,
A taça da alegria.

Vêm fazer-nos crer,
Despeitadas ruínas
De primitivas forças,
Que o mundo é mais extenso
Que o que se vê e palpa,
Para que ofendamos
A Júpiter e a Apolo.

Assim até à beira
Terrena do horizonte
Hiperion no crepúsculo

Vem chorar pelo carro
Que Apolo lhe roubou.

E o poente tem cores
Da dor dum deus longínquo,
E ouve-se soluçar
Para além das esferas...

Assim choram os deuses.

12-6-1914

4

De Apolo o carro rodou pra fora
Da vista. A poeira que levantara
Ficou enchendo de leve névoa
    O horizonte

A flauta calma de Pã, descendo
Seu tom agudo no ar pausado,
Deu mais tristezas ao moribundo
    Dia suave.

Cálida e loura, núbil e triste,
Tu, mondadeira dos prados quentes,
Ficas ouvindo, com os teus passos
    Mais arrastados,

A flauta antiga do deus durando
Com o ar que cresce pra vento leve,
E sei que pensas na deusa clara
    Nada dos mares,

E que vão ondas lá muito adentro
Do que o teu seio sente alheado
De quanto a flauta sorrindo chora
   E estás ouvindo.

12-6-1914

5

Vem sentar-te comigo, Lídia, à beira do rio.
Sossegadamente fitemos o seu curso e aprendamos
Que a vida passa, e não estamos de mãos enlaçadas.
   (Enlacemos as mãos.)

Depois pensemos, crianças adultas, que a vida
Passa e não fica, nada deixa e nunca regressa,
Vai para um mar muito longe, para ao pé do Fado,
   Mais longe que os deuses.

Desenlacemos as mãos, porque não vale a pena cansarmo-nos.
Quer gozemos, quer não gozemos, passamos como o rio.
Mais vale saber passar silenciosamente
   E sem desassossegos grandes.

Sem amores, nem ódios, nem paixões que levantam a voz,
Nem invejas que dão movimento de mais aos olhos,
Nem cuidados, porque se os tivesse o rio sempre correria,
   E sempre iria ter ao mar.

Amemo-nos tranquilamente, pensando que podíamos,
Se quiséssemos, trocar beijos e abraços e carícias,
Mas que mais vale estarmos sentados ao pé um do outro
   Ouvindo correr o rio e vendo-o.

Colhamos flores, pega tu nelas e deixa-as
No colo, e que o seu perfume suavize o momento –
Este momento em que sossegadamente não cremos em nada,
  Pagãos inocentes da decadência.

Ao menos, se for sombra antes, lembrar-te-ás de mim depois
Sem que a minha lembrança te arda ou te fira ou te mova,
Porque nunca enlaçamos as mãos, nem nos beijamos
  Nem fomos mais do que crianças.

E se antes do que eu levares o óbolo ao barqueiro sombrio,
Eu nada terei que sofrer ao lembrar-me de ti.
Ser-me-ás suave à memória lembrando-te assim – à beira-rio,
  Pagã triste e com flores no regaço.

12-6-1914

6

Neera, passeemos juntos
Só para nos lembrarmos disto...
Depois quando envelhecermos
E nem os Deuses puderem
Dar cor às nossas faces
E mocidade aos nossos colos,

Lembremo-nos, à lareira,
Cheiinhos de pesar
O ser quebrado o fio,
Lembremo-nos, Neera,
De um dia ter passado
Sem nos termos amado...

12-6-1914

7

Ao longe os montes têm neve ao sol,
Mas é suave já o frio calmo
   Que alisa e agudece
   Os dardos do sol alto.

Hoje, Neera, não nos escondamos,
Nada nos falta, porque nada somos.
   Não esperamos nada
   E temos frio ao sol.

Mas tal como é, gozemos o momento,
Solenes na alegria levemente,
   E aguardando a morte
   Como quem a conhece.

16-6-1914

8

Só o ter flores pela vista fora
Nas áleas largas dos jardins exatos
   Basta para podermos
   Achar a vida leve.

De todo o esforço seguremos quedas
As mãos, brincando, pra que nos não tome
   Do pulso, e nos arraste.
   E vivamos assim,

Buscando o mínimo de dor ou gozo,
Bebendo a goles os instantes frescos,
    Translúcidos como água
    Em taças detalhadas,

Da vida pálida levando apenas
As rosas breves, os sorrisos vagos,
    E as rápidas carícias
    Dos instantes volúveis.

Pouco tão pouco pesará nos braços
Com que, exilados das supernas luzes,
    Scolhermos do que fomos
    O melhor pra lembrar

Quando, acabados pelas Parcas, formos,
Vultos solenes de repente antigos,
    E cada vez mais sombras,
    Ao encontro fatal

Do barco escuro no soturno rio,
E os nove abraços do horror estígio,
    E o regaço insaciável
    Da pátria de Plutão.

16-6-1914

9

Pobres de nós que perdemos quanto
Sereno e forte nos dava a vida
    O único modo
O único humano de a ter...

Pobres de nós
Crianças tristes[1] que mal se lembram
De pai e mãe
E andam sozinhas na vida cega
    Sem ter carinhos
    Nem saber nada
De aonde vamos pela floresta,
Nem donde vimos pla estrada fora...
E somos tristes, e somos velhos,
    E fracos sempre
    Sem que nos sirva.

16-6-1914

10

Diana através dos ramos
Espreita a vinda de Endimion
Endimion que nunca vem,
Endimion, Endimion,
Lá longe na floresta...
E a sua voz chamando
Através dos ramos[1]
Endimion, Endimion...

Assim choram os deuses...

16-6-1914

11

A palidez do dia é levemente dourada.
O sol de inverno faz luzir como orvalho as curvas
Dos troncos de ramos secos.
O frio leve treme.

Desterrado da pátria antiquíssima da minha
Crença, consolado só por pensar nos deuses
Aqueço-me trêmulo
A outro sol do que este –

O sol que havia sobre o Partenon e a Acrópole
O que alumiava os passos lentos e graves
De Aristóteles falando.
Mas Epicuro melhor

Me fala, com a sua cariciosa voz terrestre
Tendo para os deuses uma atitude também de deus,
Sereno e vendo a vida
À distância a que está.

19-6-1914

12

Não tenhas nada nas mãos
Nem uma memória na alma,

Que quando te puserem
Nas mãos o óbolo último,

Ao abrirem-te as mãos
Nada te cairá.

Que trono te querem dar
Que Átropos to não tire?

Que louros que não fanem
Nos arbítrios de Minos?

Que horas que te não tornem
Da estatura da sombra

Que serás quando fores
Na noite e ao fim da estrada?

Colhe as flores mas larga-as,
Das mãos mal as olhaste.

Senta-te ao sol. Abdica
E sê rei de ti próprio.

19-6-1914

13

Sábio é o que se contenta com o espetáculo do mundo,
   E ao beber nem recorda
   Que já bebeu na vida,
   Para quem tudo é novo
   E imarcescível sempre.

Coroem-no pâmpanos, ou heras, ou rosas volúteis,
  Ele sabe que a vida
  Passa por ele e tanto
  Corta à flor como a ele
  De Átropos a tesoura.

Mas ele sabe fazer que a cor do vinho esconda isto,
  Que o seu sabor orgíaco
  Apague o gosto às horas,
  Como a uma voz chorando
  O passar das bacantes.

E ele espera, contente quasi e bebedor tranquilo,
  E apenas desejando
  Num desejo mal tido
  Que a abominável onda
  O não molhe tão cedo.

19-6-1914

14

Quero, Neera, que os teus lábios laves
  Na piscina[1] tranquila
Para que contra a tua febre e a triste
  Dor que pões em viver,
Sintas a fresca e calma natureza
  Da água, e reconheças
Que não têm penas nem desassossegos
  As ninfas das nascentes
Nem mais soluços do que o som da água
  Alegre e natural.

As nossas dores, não, Neera, vêm
Das causas naturais
Datam da alma e do infeliz fruir
Da vida com os homens.
Aprende pois, ó aprendiza jovem
Das clássicas delícias,
A não pôr mais tristeza que um sorriso[2]
No modo como vives.
Nasceste pálida, deitando a água
Da tua vã beleza
Sobre a estólida fé das nossas mãos
Medrosas de ter gozo
Demasiado preso à desconfiança
Que vem de teu saber,
Não para essa vã mnemônica
Do futuro fatal.
Façamos vívidas grinaldas várias
De sol, flores e risos
Para ocultar o fundo fiel à Noite
Dos nossos pensamentos[3]
Curvado[4] já em vida sob a ideia
Do plutônico jugo
Cônscias[5] já da lívida esperança[6]
Do caos redivivo.

11-7-1914

15

Breve o inverno virá com sua branca
Nudez vestir os campos.
As lareiras serão as nossas pátrias
E os contos que contarmos

Assentados ao pé do seu calor
    Valerão as canções
Com que outrora entre as verdes ervas rijas
    Dizíamos ao sol
O *ave atque* vale triste e alegre,
    Solenes e carpindo.
Por ora o outono está conosco ainda.
    Se ele nos não agrada
A memória do estio cotejemos
    Com a esp'rança hiemal.
E entre essas dádivas memoradas
    Rio em vales[1] passemos.

17-7-1914

16

Cada coisa a seu tempo tem seu tempo.
Não florescem no inverno os arvoredos,
    Nem pela primavera
    Têm branco frio os campos.

À noite, que entra, não pertence, Lídia,
O mesmo ardor que o dia nos pedia.
    Com mais sossego amemos
    A nossa incerta vida.

À lareira, cansados não da obra
Mas porque a hora é a hora dos cansaços,
    Não puxemos[1] a voz
    Acima de um[2] segredo,

E casuais, interrompidas sejam
Nossas palavras de reminiscência
   (Não para mais nos serve
   A negra ida do sol).

Pouco a pouco o passado recordemos
E as histórias contadas no passado
   Agora duas vezes
   Histórias, que nos falem

Das flores que na nossa infância ida
Com outra consciência[3] nós colhíamos
   E sob uma outra espécie[4]
   De[5] olhar lançado ao mundo.

E assim, Lídia, à lareira, como estando,
Deuses lares, ali na eternidade,
   Como quem compõe roupas
   O outrora componhamos

Nesse desassossego que o descanso
Nos traz às vidas quando só pensamos
   Naquilo que já fomos,
   E há só noite lá fora.[6]

30-7-1914

17

Da nossa semelhança com os deuses
   Por nosso bem tiremos
Julgarmo-nos deidades exiladas
   E possuindo a Vida

Por uma autoridade primitiva
    E coeva de Jove.

Altivamente donos de nós-mesmos,
    Usemos a existência
Como a vila que os deuses nos concedem
    Para esquecer o estio.

Não de outra forma mais apoquentada
    Nos vale o esforço usarmos
A existência indecisa e afluente
    Fatal do rio escuro.

Como acima dos deuses o Destino
    É calmo e inexorável,
Acima de nós-mesmos construamos
    Um fado voluntário
Que quando nos oprima nós sejamos
    Esse que nos oprime,
E quando entremos pela noite dentro
    Por nosso pé entremos.

30-7-1914

18

Só esta liberdade nos concedem
    Os deuses: submetermo-nos
Ao seu domínio por vontade nossa.
    Mais vale assim fazermos
Porque só na ilusão da liberdade
    A liberdade existe.

Nem outro jeito os deuses, sobre quem
   O eterno fado pesa,
Usam para seu calmo e possuído
   Convencimento antigo
De que é divina e livre a sua vida.
   Nós, imitando os deuses,
Tão pouco livres como eles no Olimpo,
   Como quem pela areia
Ergue castelos para encher[1] os olhos,
   Ergamos nossa vida
E os deuses saberão agradecer-nos
   O sermos tão como eles.

30-7-1914

19

Aqui, Neera, longe
De homens e de cidades,
Por ninguém nos tolher
O passo, nem vedarem
A nossa vista as casas,
Podemos crer-nos livres.

Bem sei, ó flava, que inda
Nos tolhe a vida o corpo,
E não temos a mão
Onde temos a alma;[1]
Bem sei que mesmo aqui
Se nos gasta esta carne
Que os deuses concederam
Ao estado antes de Averno.

Mas aqui não nos prendem
Mais coisas do que a vida,
Mãos alheias não tomam
Do nosso braço, ou passos
Humanos se atravessam
Pelo nosso caminho.

Não nos sentimos presos
Senão com pensar[2] nisso,
Por isso não pensemos
E deixemo-nos crer
Na inteira liberdade
Que é a ilusão que agora[3]
Nos torna iguais dos[4] deuses.

2-8-1914

20

Da lâmpada noturna
A chama estremece
E o quarto alto ondeia.

Os deuses concedem
Aos seus calmos crentes
Que nunca lhes trema
A chama da vida
Perturbando o aspecto
Do que está em roda,
Mas firme e esguiada
Como preciosa

E antiga pedra,
Guarde a sua calma
Beleza contínua.

2-8-1914

21

Vós que, crentes em Cristos e Marias,
Turvais da minha fonte as claras águas
    Só para me falardes[1]
    Que há águas de outra espécie[2]

Banhando prados com melhores horas, –
Dessas outras regiões pra que falar-me
    Se estas águas e prados
    São de aqui e me bastam?[3]

Esta realidade os deuses deram
E para bem real a deram externa.
    Que serão os meus sonhos
    Mais que a obra dos deuses?

Deixai-me a Realidade do momento
E os meus deuses tranquilos e imediatos
    Que não moram no Incerto
    Mas nos campos e rios.

Deixai-me a vida ir-se pagãmente
Acompanhada plas avenas tênues
    Com que os juncos das margens
    Se confessam de Pã.

Vivei nos vossos sonhos e deixai-me
O altar imortal[4] onde é meu culto
E a visível presença
Dos meus próximos deuses.

Inúteis procos do melhor que a vida,
Deixai a vida aos crentes mais antigos
Que Cristo e a sua cruz
E Maria chorando.

Ceres, dona dos campos, me console
E Apolo e Vênus, e Urano antigo
E os trovões, com o interesse
De irem da mão de Jove.[5]

9-8-1914

22

Neste dia em que os campos são de Apolo
Verde colônia dominada a ouro,
Seja como uma dança dentro em nós
O sentirmos a vida.

Não turbulenta, mas com os seus ritmos
Que a nossa sensação como uma ninfa
Acompanhe em cadências suas a
Disciplina da dança...

Ao fim do dia quando os campos forem
Império conquistado pelas sombras
Como uma legião que segue marcha
Abdiquemos do dia,

E na nossa memória coloquemos,
Com um deus novo duma nova terra
Trazido, o que ficou em nós da calma
    Do dia passageiro.

11-8-1914

23

Aqui, sem outro Apolo do que Apolo,
Sem um suspiro abandonemos Cristo
    E a febre de buscarmos
    Um deus dos dualismos.

E longe da cristã sensualidade
Que a casta calma da beleza antiga
    Nos restitua o antigo
    Sentimento da vida.

[11-8-1914]

24

Não como ante donzela ou mulher viva
Com calor na beleza humana delas
    Devemos dar os olhos
    À beleza imortal.

Eternamente longe ela se mostra
E calma e para os calmos adorarem
   Não de outro modo é ela
   Imortal como os deuses.

Que nunca a alegria transitória
Nem a paixão que busca – porque exige
   Devemos olhar de néscios
   Olhos para a beleza.

Como quem vê um Deus e nunca ousa
Amá-lo mais que como a um Deus se ama
   Diante da beleza
   Façamo-nos sóbrios.

Para outra coisa não a dão os deuses
À nossa febre humana e vil da vida,
   Por isso a contemplemos
   Num claro esquecimento.

E de tudo tiremos a beleza
Como a presença altiva e encoberta
   Dos deuses, e o sentido
   Calmo e imortal da vida...[1]

[11-8-1914]

25

Em Ceres anoitece.
Nos píncaros ainda
   Faz luz.

Sinto-me tão grande
Nesta hora solene
   E vã

Que, assim como há deuses
Dos campos, das flores
   Das searas,

Agora eu[1] quisera
Que um deus existisse
   De mim.

17-9-1914

26

Antes de nós nos mesmos arvoredos
Passou[1] o vento, quando havia vento,
   E as folhas não falavam[2]
   De outro modo do que hoje.

Passamos e agitamo-nos debalde.
Não fazemos mais ruído no que existe
   Do que as folhas das árvores
   Ou os passos do vento.

Tentemos pois com abandono assíduo
Entregar nosso esforço à Natureza
   E não querer mais vida
   Que a das árvores verdes.

Inutilmente parecemos grandes.
Salvo nós nada pelo mundo fora
Nos saúda a grandeza
Nem sem querer nos serve.

Se aqui, à beira-mar, o meu indício
Na areia o mar com ondas três o apaga,
Que fará na alta[3] praia
Em que o mar é o Tempo?[4]

8-10-1914

27

Anjos ou deuses, sempre nós tivemos,
A visão perturbada[1] de que acima
De nós e compelindo-nos
Agem outras presenças.

Como acima dos gados que há nos campos
O nosso esforço, que eles não compreendem,
Os coage e obriga
E eles não nos percebem,

Nossa vontade e o nosso pensamento
São as mãos pelas quais outros nos guiam
Para onde eles querem
E nós não desejamos.[2]

16-10-1914

28

Acima da verdade estão os deuses
A nossa ciência é uma falhada cópia
    Da certeza com que eles
    Sabem que há o Universo.

Tudo é tudo, e mais alto estão os deuses
Não pertence à ciência conhecê-los,
    Mas adorar devemos
    Seus vultos como às flores,

Porque visíveis à nossa alta vista,
São tão reais como reais as flores
    E no seu calmo Olimpo
    São outra Natureza.[1]

16-10-1914

29

Não batas palmas diante da beleza.
Não se sente a beleza demasiado.
    Saibamos como os deuses
    Sentir divinamente.

Ao ver o belo, lembra-te que morre.
E que a tristeza desse pensamento
    Torne elevada e calma
    A tua admiração.

E se é estátua ou de Píndaro alta estrofe
Em quem teus olhos são abandonados
   Não te esqueças de que essa
   Beleza não é viva.

Sempre ao belo uma cousa há de falar
Para que seja triste contemplá-lo
   E nunca se poder[1]
   Bater palmas ao vê-lo...

Calma é a beleza. Ama-a calmamente.
Os dons dos deuses como um deus aceita
   E terás tua parte
   Do néctar dado aos calmos.[2]

12-2-1915

30

   Tirem-me os deuses
   Em seu arbítrio
Superior e urdido às escondidas
   Amor, glória e riqueza.

   Tirem, mas deixem-me
   Deixem-me apenas
A consciência lúcida e solene
   Das coisas e dos seres.

   Pouco me importa
   Amor ou glória.
A riqueza é um metal, a glória é um eco
   E o amor uma sombra.

Mas a concisa
Atenção dada
Às formas e às maneiras dos objetos
Tem abrigo seguro.

Seus fundamentos
São todo o mundo,
Seu amor é o plácido universo,
Sua riqueza a vida.

A sua glória
É a suprema
Certeza da solene e clara posse
Das formas dos objetos.

O resto passa,
E teme a morte.
Só nada teme ou sofre a visão clara
E inútil do Universo.

Essa a si basta,
Nada deseja
Salvo o orgulho de ver sempre claro
Até deixar de ver.

6-6-1915

31

Bocas roxas de vinho,
Testas brancas sob rosas,
Nus, brancos antebraços
Deixados sobre a mesa:

Tal seja, Lídia, o quadro
Em que fiquemos, mudos,
Eternamente inscritos
Na consciência dos deuses.

Antes isto que a vida
Como os homens a vivem,
Cheia da negra poeira
Que erguem das estradas.

Só os deuses socorrem
Com seu exemplo aqueles
Que nada mais pretendem
Que ir no rio das coisas.

29-8-1915

32

OS JOGADORES DE XADREZ

Ouvi dizer[1] que outrora, quando a Pérsia
Tinha não sei qual guerra,
Quando a invasão ardia na Cidade
E as mulheres gritavam,
Dois jogadores de xadrez jogavam
O seu jogo contínuo.

À sombra de ampla árvore fitavam
O tabuleiro antigo,
E, ao lado de cada um, esperando os seus
Momentos mais folgados,
Quando havia movido a pedra, e agora

Esperava o adversário,
Um púcaro com vinho refrescava
Sobriamente a sua sede.[2]

Ardiam casas, saqueadas eram
As arcas e as paredes,
Violadas, as mulheres eram postas
Contra os muros caídos,
Trespassadas de lanças, as crianças
Eram sangue[3] nas ruas...
Mas onde estavam, perto da cidade,
E longe do seu ruído,
Os jogadores de xadrez jogavam
O jogo do xadrez.

Inda que nas mensagens do ermo vento
Lhes viessem os gritos,
E, ao refletir, soubessem desde a alma[4]
Que por certo as mulheres
E as tenras filhas violadas eram
Nessa vitória[5] próxima,
Inda que, no momento que o pensavam,
Uma sombra ligeira
Lhes passasse na fronte alheada e vaga,
Breve seus olhos calmos
Volviam sua atenta confiança
Ao tabuleiro velho.

Quando o rei de marfim está em perigo,
Que importa a carne e o osso
Das irmãs e das mães e das crianças?
Quando a torre não cobre
A retirada da rainha alta,[6]
Pouco importa a vitória.[7]
E quando a mão confiada leva o xeque

Ao rei do adversário,
Pouco pesa na alma que lá longe
Estejam morrendo filhos.

Mesmo que, de repente, sobre o muro
Surja a sanhuda face
Dum guerreiro invasor, e breve deva
Em sangue ali cair
O jogador solene de xadrez,
O momento antes desse
É ainda entregue ao jogo predileto
Dos grandes indif'rentes.[8]

Caiam cidades, sofram povos, cesse
A liberdade e a vida,
Os haveres tranquilos e avitos
Ardem e que se arranquem,
Mas quando a guerra os jogos interrompa,
Esteja o rei sem xeque,
E o de marfim peão mais avançado
Pronto a comprar a torre.

Meus irmãos em amarmos Epicuro
E o entendermos mais
De acordo com nós-próprios que com ele,
Aprendamos na história
Dos calmos jogadores de xadrez
Como passar a vida.

Tudo o que é sério pouco nos importe,
O grave pouco pese,
O natural impulso dos instintos
Que ceda ao inútil gozo
(Sob a sombra tranquila do arvoredo)
De jogar um bom jogo.

O que levamos desta vida inútil
Tanto vale se é
A glória, a fama, o amor, a ciência, a vida,
Como se fosse apenas
A memória de um jogo bem jogado
E uma partida ganha
A um jogador melhor.

A glória pesa como um fardo rico,
A fama como a febre,
O amor cansa, porque é a sério e busca,
A ciência nunca encontra,
E a vida passa e dói porque o conhece...
O jogo do xadrez
Prende a alma toda, mas, perdido, pouco
Pesa, pois não é nada.

Ah, sob as sombras que sem qu'rer nos amam,
Com um púcaro de vinho
Ao lado, e atentos só à inútil faina
Do jogo do xadrez,
Mesmo que o jogo seja apenas sonho
E não haja parceiro,
Imitemos os persas desta história,
E, enquanto lá por fora,
Ou perto ou longe, a guerra e a pátria e a vida
Chamam por nós, deixemos
Que em vão nos chamem, cada um de nós
Sob as sombras amigas
Sonhando, ele os parceiros, e o xadrez
A sua indiferença.

1-6-1916

33

Prefiro rosas, meu amor, à pátria,
    E antes magnólias amo
    Que a glória e a virtude.[1]

Logo que a vida me não canse, deixo
    Que a vida por mim passe
    Logo que eu fique o mesmo.[2]

Que importa àquele a quem já nada importa
    Que um perca e outro vença,
    Se a aurora raia sempre,

Se cada ano com a primavera
    Aparecem as folhas
    E com o outono cessam?

E[3] o resto, as outras coisas que os humanos
    Acrescentam à vida,
    Que me aumentam na alma?

Nada, salvo o desejo de indif'rença
    E a confiança mole
    Na hora fugitiva.

1-6-1916

34

Felizes, cujos corpos sob as árvores
    Jazem na úmida terra,
Que nunca mais sofrem o sol, ou sabem
    Das doenças da lua.

Verta Eolo a caverna inteira sobre
    O orbe esfarrapado,
Erga[1] Netuno, em cheias mãos, ao alto
    As ondas espumando,[2]

Tudo lhe é nada, e o próprio pegureiro[3]
    Que passa, finda[4] a tarde,
Sob a árvore onde jaz quem foi a sombra
    Imperfeita de um deus,

Não sabe que os seus passos vão coleando[5]
    O que podia ser,
Se a vida fosse sempre a vida, a glória
    De uma imortal saudade.[6]

1-6-1916

35

Segue o teu destino,
Rega as tuas plantas,
Ama as tuas rosas.
O resto é a sombra
De árvores alheias.

A realidade
Sempre é mais ou menos
Do que nós queremos.
Só nós somos sempre
Iguais a nós-próprios.

Suave é viver só.
Grande e nobre é sempre
Viver simplesmente.
Deixa a dor nas aras
Como ex-voto aos deuses.

Vê de longe a vida.
Nunca a interrogues.
Ela nada pode
Dizer-te. A resposta
Está além dos Deuses.

Mas serenamente
Imita o Olimpo
No teu coração.
Os deuses são deuses
Porque não se pensam.

1-7-1916

36

Feliz aquele a quem a vida grata
Concedeu que dos deuses se lembrasse
    E visse como eles
Estas terrenas coisas onde mora
Um reflexo mortal da imortal vida.

Feliz, que quando a hora tributária
Transpor seu átrio porque a Parca corte
    O fio fiado até ao fim,
    Gozar poderá o alto prêmio
    De errar no Averno grato abrigo
    Da convivência

Mas aquele que quer Cristo[1] antepor
Aos mais antigos Deuses que no Olimpo
    Seguiram a Saturno –
O seu blasfemo ser abandonado
Na fria expiação – até que os Deuses
De quem se esqueceu deles se recordem –
Erra, sombra inquieta, eternamente,[2]
    Nem a viúva[3] lhe põe na boca
    O óbolo a Caronte grato,[4]
    E sobre o[5] seu corpo insepulto
    Não deita terra o viandante.

11/12-9-1916

37

Deixa passar o vento
Sem lhe perguntar nada.
Seu sentido é apenas
Ser o vento que passa...

Consegui que esta hora
Sacrificasse ao Olimpo.[1]
E escrevi estes versos
Pra que os deuses voltassem.

12-9-1916

38

Não a ti, Cristo, odeio ou te não quero.
Em ti como nos outros creio deuses mais velhos.
   Só te tenho por não mais nem menos
   Do que eles, mas mais novo apenas.

Odeio-os sim, e a esses com calma aborreço,
Que te querem acima dos outros teus iguais deuses.
   \Quero-te onde tu stás, nem mais alto
   Nem mais baixo que eles, tu apenas.

Deus triste, preciso talvez porque nenhum havia
Como tu, um a mais no panteão e no culto,
   Nada mais, nem mais alto nem mais puro
   Porque para tudo havia deuses, menos tu.

Cura tu, idólatra exclusivo de Cristo, que a vida
É múltipla e todos os dias são diferentes dos outros,
   E só sendo múltiplos como eles
   Staremos com a verdade e sós.

9-10-1916

39

Sofro, Lídia, do medo do destino.
Qualquer pequena coisa de onde pode
Brotar uma ordem nova em minha vida,
   Lídia, me aterra.
Qualquer coisa, qual seja, que transforme
Meu plano curso de existência, embora

Para melhores coisas o transforme,
    Por transformar
Odeio, e não o quero. Os deuses dessem
Que ininterrupta minha vida fosse
Uma planície sem relevos, indo
    Até ao fim.
A glória embora eu nunca haurisse, ou nunca
Amor ou justa stima dessem-me outros,
Basta que a vida seja só a vida
    E que eu a viva.

26-5-1917

40

Sê o dono de ti
Sem fechares os olhos.

Na dura mão aperta
Com um tato apertado[1]
O mundo exterior
Contra a palma sentindo
Outra coisa que a palma.

11-8-1918

41

Não sem lei, mas segundo ignota lei[1]
Entre os homens o fado distribui[2]
   O bem e o mal-estar[3]
Fortuna e glória, danos e perigos.[4]

Bem ou mal, não terás o que mereces.
Querem os deuses a isto obrigar-te [?].
   Nem castigo ou prêmio
Speres, desprezes, temas ou precises.[5]

Porque até aos deuses toda a ação é clara
E é boa ou má, digna de homem ou deus,[6]
   Porque o fado não tem
Leis nossas com que reja a sua lei.

Quem é rei hoje, amanhã scravo cruza
Com o scravo de hoje que amanhã é rei.[7]
   Sem razão um caiu,
Sem causa nele o outro ascenderá.

Não em nós, mas dos deuses no capricho
E nas sombras pra além do seu domínio
   Está o que somos, e temos,
A vida e a morte do que somos nós.

Se te apraz mereceres, que te apraza
Por mereceres, não porque te o Fado
   Dê o prêmio ou a paga
De com constância haveres merecido.

Dúbia é a vida, inconstante o que a governa.
O que esperamos nem sempre acontece

Nem nos falece sempre,
Nem há com que a alma uma ou outra coisa spere.

Torna teu coração digno dos deuses
E deixa a vida incerta ser quem seja.
 O que te acontecer
Aceita. Os deuses nunca se revoltam.[8]

Nas mãos inevitáveis do destino
A roda rápida soterra hoje
 Quem ontem viu o céu
Do transitório alto[9] do seu giro.

17-11-1918

42

Uma após uma as ondas apressadas
Enrolam o seu verde movimento
 E chiam a alva spuma
 No moreno das praias.

Uma após uma as nuvens vagarosas
Rasgam o seu redondo movimento
 E o sol aquece o spaço
 Do ar entre as nuvens scassas.

Indiferente a mim e eu a ela,
A natureza deste dia calmo
 Furta pouco ao meu senso
 De se esvair o tempo.

Só uma vaga pena inconsequente
Para um momento à porta da minha alma
   E após fitar-me um pouco
   Passa, a sorrir de nada.

23-11-1918

43

Manhã que raias sem olhar a mim,
Sol que luzes sem qu'rer saber de eu ver-te,
   É por mim que sois
   Reais e verdadeiros.
Porque é na oposição ao que eu desejo
Que sinto real a natureza e a vida.
   No que me nega sinto
   Que existe e eu sou pequeno.
E nesta consciência torno a grande
Como a onda, que as tormentas atiraram
   Ao alto ar, regressa
   Pesada a um mar mais fundo.

23-11-1918

44

Cedo vem sempre, Cloe, o inverno, e a dor.[1]
É sempre prematuro, inda que o spere
   Nosso hábito, o esfriar
   Do desejo que houve.

Não entardece que não morra o dia.
Não nasce amor ou fé em nós que não
Morra com isso ao menos
O não amar ou crer.

Todo o gesto que o nosso corpo faz
Com o repouso anterior contrasta.
Nesta má circunstância
Do tempo eternos somos.

Sabe mais[2] da arte com que viva a vida
Aquele que, de tão contínua usá-la,
Furte ao tempo a vitória
Das mudanças depressa,

E entardecendo como um dia trópico,
Até ao fim inevitável guie
Uma igual vida, súbito
Precipite no abismo.

7-7-1919

45

No momento em que vamos pelos prados
E o nosso amor é um terceiro ali,
Que usurpa que saibamos
Um ao certo do outro,

Nesse momento, em que o que vemos mesmo
Sem o vermos na própria essência entra
Da nossa alma comum –
Lídia, nesse momento

De tão sentir o amor não sei dizer-to,
Antes, se falo, só dos prados falo
E em dueto comigo[1]
Discurso o amor.[2]

7-7-1919

46

Na fuga inútil dos penosos dias
Que pensando vivemos,
Perdemos, com a vida sem proveito,
O próprio pensamento,
Porque, quando não praz a vida, como
Pode aprazer pensá-la?
Sábio o que busca como não perder-se
Da vida meditando,
Mas com a vida o pensamento junta
Meditando antes como
Viver que como compreender a vida.
Stulta a obra que busca
Saber da vida mais que como usá-la
Ou como, bem perdendo
A alta luz, o verdor do campo, e o canto
Das aves, ir na sombra
Com passos cheios de reminiscência
Para o seu fim exíguo.[1]

10-7-1919

47

Mas dia a dia
Com lapso gradual vai hora a hora
A vida vã tornando-se mais fria,
Vai descorando a face,
E a alma, acompanhando

Ah, saibamos mostrar
À vida a força de a aceitar,
Indiferentes tanto
Ao riso como ao pranto,
E, spectadores de nós próprios, nada
Na nossa consciência elucidada.[1]

26-5-1920

48

Cumpre a lei, seja vil ou vil tu sejas.
Pouco pode o homem contra a externa vida.
    Deixa haver a injustiça.
    Não odeies nem creias.[1]

Não tens mais reino do que a própria[2] mente.
Essa, em que és dono,[3] grato o Fado e os Deuses,
    Governa, até à fronteira,
    Onde mora a vontade.[4]

Aí, ao menos, só por inimigos[5]
Os grandes deuses e o Destino ostentas.

Não há a dupla derrota
Da[6] derrota e vileza.

Assim penso, e esta mórbida[7] justiça
Com que queremos intervir[8] nas coisas,
    Expilo, como um servo
    Infiel da ampla mente.[9]

Se nem de mim posso ser dono, como
Quero ser dono ou lei do que acontece
    Onde me a mente e corpo
    Não são mais do que coisas?[10]

Basta-me que me baste, e o resto mova-se[11]
Na órbita prevista, em que até os deuses
    Giram, sóis centros servos
    De um movimento imenso.[12]

29-1-1921

49

Um verso repete
Uma brisa fresca,
O verão nos campos,[1]
E sem gente ao sol[2]
O átrio da alma.[3]

Ou, no inverno, ao longe
Os cimos de neve,
À lareira toadas
Dos contos herdados,
E um verso a dizê-lo.

Os deuses concedem
Poucos mais prazeres
Que estes, que são nada.
Mas também concedem
Não querer ter[4] outros.

29-1-1921

50

À la manière de A. Caeiro

A mão invisível do vento roça por cima das ervas.
Quando se solta, saltam nos intervalos do verde
Papoulas rubras, amarelos malmequeres juntos,
E outras pequenas flores azuis que se não veem logo.

Não tenho quem ame, ou vida que queira, ou morte que roube.[1]
Por mim, como pelas ervas um vento que só as dobra
Para as deixar voltar àquilo que foram, passa.
Também para mim um desejo inutilmente bafeja
As hastes das intenções, as flores do que imagino,
E tudo em volta ao que era sem nada lhe[2] acontecesse.

30-1-1921

51

Tornar-te-ás só quem tu sempre foste.
O que te os deuses dão, dão no começo.
   De uma só vez o Fado
   Te dá o fado, que és um.

A pouco chega pois o esforço posto
Na medida da tua força nata –
   A pouco, se não foste
   Para mais concebido.

Contenta-te com seres quem não podes
Deixar de ser. Inda te fica o vasto
   Céu p'ra cobrir-te, e a terra,
   Verde ou seca a seu tempo.

12-5-1921

52

Em vão procuro o bem que me negaram.
As flores dos jardins dadas aos[1] outros
Como hão de mais que perfumar de longe
   Meu desejo de tê-las?

12-5-1921

53

Não quero a glória,[1] que comigo a têm
 Heróstrato e o pretor
Ser olhado de todos – que se eu fosse
 Só belo, me olhariam.
O fausto repudio, porque o compram.
 O amor, porque acontece.
Amigo fui, talvez não contente,
 Porém certo[2] e sem erro.

12-5-1921

54

Pequeno é o espaço que de nós separa
O que havemos de ser quando morrermos.
Não conhecemos quem será então
 Aquele que hoje somos.[1]

Só o passado, a ele e nós comum,[2]
Será indício de que a nossa alma
Persiste e como antiga ama, conta
 Histórias esquecidas...

Se pudéssemos pôr o pensamento
Com exata visão adentro à vida [?]
Que havemos de ter naquela hora,
 Estranhos olharíamos[3]

O que somos, cuidando ver um outro
E o spaço temporal que hoje habitamos
Luz onde nossa alma nasceu
    Perdida[4] antes de a termos.

31-1-1922

55

Cada um cumpre o destino que lhe cumpre,
E deseja o destino que deseja;
    Nem cumpre o que deseja,
    Nem deseja o que cumpre.

Como as pedras na orla dos canteiros
O Fado nos dispõe, e ali ficamos;
    Que a Sorte nos fez postos
    Onde houvemos de sê-lo.

Não tenhamos melhor conhecimento
Do que nos coube que de que nos coube.
    Cumpramos o que somos.
    Nada mais nos é dado.

29-7-1923

56

Quero versos que sejam[1] como joias
Para que durem no porvir extenso[2]
   E os não macule a morte
   Que em cada coisa a espreita,
Versos onde se esquece o duro e triste
Lapso curto dos dias e se volve
   À antiga liberdade
   Que talvez nunca houvemos.
Aqui, nestas amigas sombras postas
Longe, onde menos nos conhece a história
   Lembro os que urdem, cuidados,
   Seus descuidados versos.
E mais que a todos te lembrando, screvo
Sob o vedado sol, e, te lembrando,
   Bebo, imortal Horácio,
   Supérfluo, à tua glória...

5-8-1923

57

Não quero as oferendas
Com que fingis, sinceros,
Dar-me os dons que me dais.[1]
Dais-me o que perderei,
Chorando-o, duas vezes,
Por vosso e meu, perdido.

Antes mo prometais
Sem mo dardes, que a perda[2]
Será mais na esperança
Que na recordação.

Não terei mais desgosto
Que o contínuo da vida,
Vendo que com os dias
Tarda o que spera, e é nada.

2-9-1923

58

Vossa formosa juventude leda,
Vossa felicidade pensativa,
Vosso modo de olhar a quem vos olha,
   Vosso não conhecer-vos –

Tudo quanto vós sois, que vos semelha
À vida universal que vos esquece,
Dá carinho de amor a quem vos ama
   Por serdes não lembrando

Quanta igual mocidade a eterna praia
De Cronos, pai injusto da justiça,
Ondas, quebrou, deixando à só memória
   Um branco som de spuma.

2-9-1923

59

Não canto a noite porque no meu canto
O sol que canto acabará em noite.
    Não ignoro o que esqueço.
    Canto por esquecê-lo.

Pudesse eu suspender, inda que em sonho,
O Apolíneo curso, e conhecer-me,
    Inda que louco, gêmeo
    De uma hora imperecível!

2-9-1923

60

Não quero recordar nem conhecer-me.
Somos de mais se olhamos em quem somos.
    Ignorar que vivemos
    Cumpre bastante a vida.

Tanto quanto vivemos, vive a hora
Em que vivemos, igualmente morta
    Quando passa conosco,
    Que passamos com ela.

Se sabê-lo não serve de sabê-lo
(Pois sem poder que vale conhecermos?),
    Melhor vida é a vida
    Que dura sem medir-se.

2-9-1923

61

A abelha que, voando, freme sobre
A colorida flor, e pousa, quasi
    Sem diferença dela
    À vista que não olha,

Não mudou desde Cecrops. Só quem vive
Uma vida com ser que se conhece
    Envelhece, distinto
    Da espécie de que vive.

Ela é a mesma que outra que não ela.
Só nós – ó tempo, ó alma, ó vida, ó morte! –
    Mortalmente compramos
    Ter mais vida que a vida.

2-9-1923

62

Dia após dia a mesma vida é a mesma.
    O que decorre, Lídia,
No que nós somos como em que não somos
    Igualmente decorre.
Colhido, o fruto deperece; e cai
    Nunca sendo colhido.
Igual é o fado, quer o procuremos,
    Quer o speremos. Sorte
Hoje, Destino sempre, e nesta ou nessa
    Forma alheio e invencível.

2-9-1923

63

Pequena vida consciente, sempre
Da repetida imagem perseguida
Do fim inevitável, a cada hora
   Sentindo-se mudada,
E, como Orfeu volvendo à vinda esposa
O olhar algoz, para o passado erguendo
A memória pra em mágoas o apagar
   No báratro da mente.

22-10-1923

64

   De uma só vez recolhe
   As[1] flores que puderes.
Não dura mais que até à nocte o dia.
   Colhe de que lembrares.[2]

   A vida é pouco e cerca-a
   A sombra e o sem-remédio.
Não temos regras que compreendamos,
   Súditos sem governo.

   Goza este dia como
   Se a Vida fosse nele.
Homens nem deuses fadam, nem destinam
   Senão quem[3] ignoramos.

24-10-1923

65

De amore suo

Folha após folha nem caem,[1]
    Cloe, as folhas todas.
Nem antes que para elas, para nós
    Que sabemos que morrem
    Assim, Cloe, assim,
Antes que os próprios corpos, que empregamos[2]
    No amor, ele envelhece;
E nós, diversos, somos, inda jovens,
    Uma memória mútua.[3]
Ah, se não hemos[4] que ser mais que este
    Saber do que ora fomos,[5]
Ponhamos ao amor haver toda a vida,[6]
    Como se, findo o beijo
Único, sobre nós ruísse a súbita
    Mole do total[7] mundo.

27-10-1923

66

Tão cedo passa tudo quanto passa!
Morre tão jovem ante os deuses quanto
    Morre! Tudo é tão pouco!
Nada se sabe, tudo se imagina.
Circunda-te de rosas, ama, bebe
    E cala. O mais é nada.

3-11-1923

67

Não inquiro do anônimo futuro
    Que serei, pois que tenho,
Qualquer que seja, que vivê-lo. Tiro
    Os olhos do vindouro.
Odeio o que não vejo. Se pudesse,[1]
    Num báratro vê-lo,[2]
Deixara-o. Vivo a vida
    Que tenho, e fecho a porta.[3]

4-11-1923

68

Hora a hora não dura[1] a face antiga
Dos repetidos seres, e hora a hora,
    Pensando, envelhecemos.
Tudo passa ignorado, e o que, sabido,
Fica, sabe que ignora, porém nada
    Torna, ciente ou néscio.
Pares, assim, do que não somos pares,
Da hora extinta a chama reservemos[2]
    No calor recordada.[3]

16-11-1923

69

Não torna atrás a negregada prole
   Nascida[1] de Saturno,
Nem todos[2] deuses implorados volvem
   Quem foi à luz que vemos.
Moramos, hóspedes na vida, e vamos[3]
   Por força despedidos,
À noite donde viemos perder o dia.[4]

16-11-1923

70

O merecer e o receber não têm
Comum medida. Uma é a lei que ditamos,
Outra a que os deuses deram. Merecemos
De um lado e do outro recebemos, nem
Um lado é mais que o outro lado do outro.
Ignotas cousas geram ignorados
Efeitos conhecidos. Entrevemos,
E a parte que do todo ao olhar nos cabe
Não reproduz o todo em menos, é
Parte diversa dele. No que vemos
Nada vemos do todo, e só o que vemos.

28-2-1925

71

Com que vida encherei os poucos breves
Dias que me são dados? Será minha
   A minha vida ou dada
   A outros ou a sombras?

À sombra de nós mesmos quantas vezes[1]
Inconscientes nos sacrificamos,
   E um destino cumprimos
   Nem nosso nem alheio!

Porém nosso destino é o que for nosso,
Quem nos deu o acaso, ou, alheio fado,
   Anônimo a um anônimo,
   Nos arrasta a corrente.

Ó deuses imortais, saiba eu ao menos
Aceitar sem querê-lo, sorridente,
   O curso áspero e duro
   Da strada permitida.[2]

5-5-1925

72

Não perscrutes o anônimo futuro,
Lídia; é igual o futuro perscrutado
   Ao que não perscrutarás,
   Quem o deu, o deu feito.[1]

Disformes sonhos antecipam coisas
Que serão piores que os disformes sonhos.
No temor do futuro
Nos futuros perscrutamos [?].

Sabe ver só até o horizonte
E o dia, memora da flor hesterna
Mais que do melhor fruto
Que talvez não colhamos.

13-6-1925

73

No ciclo eterno das mudáveis coisas
Novo inverno após novo outono volve
À diferente terra
Com a mesma maneira.
Porém a mim nem me acha diferente
Nem diferente deixa-me, fechado
Na clausura maligna
Da índole indecisa.
Presa da pálida fatalidade
De não mudar-me, me infiel renovo
Aos propósitos mudos
Morituros e infindos.

24-11-1925

74

Não só vinho, mas nele o olvido, deito
Na taça: serei ledo, porque a dita
   É ignara. Quem, lembrando
   Ou prevendo, sorrira?
Dos brutos, não a vida, senão a alma,
Consigamos, pensando; recolhidos
   No impalpável destino
   Que não spera nem lembra.
Com mão mortal elevo à mortal boca
Em frágil taça o passageiro vinho,
   Baços os olhos feitos
   Para deixar de ver.

13-6-1926

75

Já sobre a fronte vã se me acinzenta
O cabelo do jovem que perdi.
   Meus olhos brilham menos.
Já não tem jus a beijos minha boca.
Se me ainda amas, por amor não ames:
   Traíras-me comigo.

13-6-1926

76

Quanta tristeza e amargura afoga
Em confusão a streita vida! Quanto
   Infortúnio mesquinho
   Nos oprime supremo!
Feliz ou o bruto que nos verdes campos
Pasce, para si mesmo anônimo, e entra
   Na morte como em casa;
   Ou o sábio que, perdido
Na ciência, a fútil vida austera eleva
Além da nossa, como o fumo que ergue
   Braços que se desfazem
   A um céu inexistente.

14-6-1926

77

Não torna ao ramo a folha que o deixou,
Nem com seu mesmo pé se uma outra forma.
O momento, que acaba ao começar
   Este, morreu p'ra sempre.
Não me promete o incerto e vão futuro
Mais do que esta repetida[1] experiência
Da mortal sorte e a condição perdida[2]
   Das coisas e de mim.
Por isso, neste rio universal
De que sou, não uma onda, senão ondas,
Decorro inerte, sem pedido, nem
   Deuses a quem o faça.[3]

28-9-1926

78

Nem vã sperança nem, não menos vã,
Desesperança, Lídia, nos governa
   A consumanda vida.
Só spera ou desespera quem conhece
Que há de[1] sperar. Nós, no labento curso
   Do ser, só ignoramos.
Nem por prazer as rosas desfolhamos
Mas como quem não pensa, e, desatento,
   Folha a folha, fenece.[2]

28-9-1926

79

Frutos, dão-os as árvores que vivem,
Não a iludida mente, que só se orna
   Das flores lívidas
   Do íntimo abismo.
Quantos reinos nas mentes e nas coisas
Te não talhaste imaginário! Tantos
   Sem ter perdeste,
   Sonhos cidades![1]
Ah, não consegues contra o adverso muito
Criar mais que propósitos frustrados!
   Abdica e sê
   Rei de ti mesmo.[2]

6-12-1926

80

Gozo sonhado é gozo, ainda que em[1] sonho.
Nós o que nos supomos nos fazemos,
   Se com atenta mente
   Resistirmos em crê-lo.
Não, pois, meu modo de pensar nas coisas,
Nos seres e no fado me censures.
   Para mim crio tanto
   Quanto para mim crio.
Fora de mim, alheio ao em que penso,
O fado cumpre-se. Mas[2] eu me cumpro
   Segundo o âmbito breve
   Do que de[3] meu me é dado.

30-1-1927

81

O relógio de sol partido marca
Do mesmo modo que o inteiro o lapso
   Da mesma hora perdida...
O mesmo gozo com que esqueço, ou o julgo,[1]
A vida, finda, me a mim mesmo mostra
   Mais fatal e mortal,
Para onde quer que siga a certa noite
Como quer que a entendamos.[2]

30-1-1927

82

Solene passa sobre a fértil terra
A branca, inútil nuvem fugidia,
Que um negro instante de entre os campos ergue
Um sopro arrefecido.

Tal me alta na alma a lenta ideia voa
E me enegrece a mente, mas já torno,
Como a si mesmo o mesmo campo, ao dia
Superfície da vida.

31-5-1927

83

Atrás não torna, nem, como Orfeu, volve[1]
Sua face, Saturno.
Sua severa fronte reconhece
Só o lugar do futuro.
Não temos mais decerto que o instante
Em que o pensamos certo.
Não o pensemos, pois, mas o façamos
Certo sem pensamento.

31-5-1927

84

A nada imploram tuas mãos já coisas,
Nem convencem teus lábios já parados,
No abafo subterrâneo
Da úmida imposta terra.
Só talvez o sorriso com que amavas
Te embalsama remota, e nas memórias
Te ergue qual eras, hoje
Cortiço apodrecido.
E o nome inútil que teu corpo morto
Usou, vivo, na terra, como uma alma,
Não lembra. A ode grava,
Anônimo, um sorriso.

Maio, 1927

85

Enquanto eu vir o sol doirar[1] as folhas
E sentir toda a brisa nos cabelos
Não quererei mais nada.
Que me pode o Destino conceder
Melhor que o lapso gradual[2] da vida
Entre ignorâncias destas?
Pomos a dúvida onde há rosas. Damos
Metade do sentido ao entendimento[3]
E ignoramos, pensantes.
Estranha a nós a natureza externa[4]
Campos espalha,[5] flores ergue,[6] frutos
Redonda,[7] e a morte chega.
Terei razão, se a alguém razão é dada,

Quando me a morte conturbar a mente
   E já não veja mais
Que à razão de saber porque vivemos
Nós nem a achamos nem achar se deve,
   Imprópicia e profunda.
Sábio deveras o que não procura,
Que encontra o abismo em todas coisas[8]
   E a dúvida em si-mesmo.

16-6-1927

86

Aqui, dizeis, na cova a que me abeiro,[1]
Não stá quem eu amei. Olhar nem riso[2]
   Se escondem nesta leiva.
Ah, mas olhos e boca aqui se escondem!
Mãos apertei, não alma, e aqui jazem.[3]
   Homem, um corpo choro.

6-7-1927

87

Lenta, descansa a onda que a maré deixa.
Pesada cede. Tudo é sossegado.
   Só o que é de homem se ouve.
   Cresce a vinda da lua.[1]
Nesta hora, Lídia ou Neera ou Cloe,
Qualquer de vós me é estranha, que me inclino

Para o segredo dito[2]
Pelo silêncio incerto.
Tomo nas mãos, como caveira, ou chave
De supérfluo sepulcro, o[3] meu destino,
E ignaro o aborreço
Sem coração que o sinta.

6-7-1927

88

Quantos gozam o gozo de gozar
Sem que gozem o gozo, e o dividem
Entre eles e o que os outros[1]
Veem que gozam eles.[2]
Ah, Lídia, as vestes[3] do gozar omite,
Que o gozo é um, se é gozo,[4] nem o damos
Aos outros como prêmio
De nos verem gozando.[5]
Cada um é ele só, e se com outros
Goza, dos outros goza, não com[6] eles.
Aprende o que te ensina
Teu corpo, teu limite.

9-10-1927

89

Floresce em ti, ó magna terra, em cores
A vária primavera, e o verão vasto,
   E os campos são de alegres.[1]
Mas dorme em cada campo o outono dele
E o inverno espreita a açucena que ignora[2]
   E a morte é cada dia.[3]

9-10-1927

90

Toda visão da crença se acompanha,
Toda crença da ação; e a ação se perde,
   Água em água entre tudo.
Conhece-te, se podes. Se não podes
Conhece que não podes. Saber sabe.
   Sê teu. Não dês nem speres.

19-10-1927

91

O sono é bom pois despertamos dele
Para saber que é bom. Se a morte é sono
   Despertaremos dela;
   Se não, e não é sono,

Com quanto em nós é nosso a refusemos
Enquanto em nossos corpos condenados
   Dura, do carcereiro,
   A licença indecisa.

Lídia, a vida mais vil antes que a morte,
Que desconheço, quero; e as flores colho
   Que te entrego, votivas
   De um pequeno destino.

19-11-1927

92

O rastro breve que das ervas moles
Ergue o pé findo, o eco que oco coa,
   A sombra que se adumbra,
   O branco que a nau larga –
Nem maior nem melhor deixa a alma às almas,
O ido aos indos. A lembrança esquece.
   Mortos, inda morremos.
   Lídia, somos só nossos.

25-1-1928

93

Pesa a sentença atroz do algoz ignoto[1]
Em cada cerviz néscia.[2] É entrudo e riem,
Felizes, porque neles[3] pensa e sente
   A vida, que não eles.

De rosas, inda que de falsas, teçam
Capelas veras. Breve[4] e vão é o tempo
Que lhes é dado, e por misericórdia[5]
   Breve nem vão sentido.

Se a ciência é vida, sábio é só o néscio.
Quão pouca diferença a mente interna
Do homem da dos brutos! Sus! Deixai[6]
   Brincar[7] os moribundos!

20-2-1928

94

Nirvana

Vou dormir, dormir, dormir,
Vou dormir sem despertar,
Mas não dormir sem sentir
Que stou dormindo a sonhar.

Não a[1] insciência e só treva
Mas também strelas a abrir
Olhos cujo olhar me eleva,[2]
Que stou sonhando a dormir.

Constelada[3] inexistência
Em que só[4] vive de meu
Uma[5] abstrata insciência
Una com strelas e céu.

20-2-1928

95

Doce é o fruto à vista, e à boca amaro,
Breve é a vida ao tempo e longa à alma,
   A arte, com que todos,
– Ora sem saber virando o copo vil,
Ora, enchendo-o, cientes – nos ousamos,
   Chegada a noite, despir.

20-2-1928

96

Dois é o prazer: gozar e o gozá-lo.
Ao néscio elege o parvo, o sábio ao outro.
   E o igual fado é diverso.
Na taça que ergo, ondeio, e vejo, as bolhas
Incluo no que sinto, e ao pegar[1]
   Mais puro stá na taça.[2]

21-2-1928

97

Concentra-te, e serás sereno e forte;
Mas concentra-te fora de ti mesmo.
Não sê mais para ti que o pedestal
No qual ergas a státua do teu ser.
Tudo mais empobrece, porque é pobre.

10-4-1928

98

Inglória é a vida, e inglório o conhecê-la.
Quantos, se pensam, não se reconhecem[1]
    Os que se conheceram!
A cada hora se muda não só a hora
Mas o que se vê nela, e a vida passa
    Entre viver e ser.

26-4-1928

99

Nos altos ramos de árvores frondosas
O vento faz um rumor frio e alto,
Nesta floresta, em este som me perco
    E sozinho medito.
Assim no mundo, acima do que sinto,
Um vento faz a vida, e a deixa, e a toma,
E nada tem sentido – nem a alma
    Com que penso sozinho.

26-4-1928

100

O anel dado ao mendigo é injúria, e a sorte
Dada a quem pensa é infâmia, que quem pensa
    Quer verdade, e não sorte.

Como um mendigo a quem é dado o nome
De rei, não come dele, mas do prato
    Do rei, minha esperança
Da razão que há em tê-la se alimenta
E não do que deseja.

26-4-1928

101

Tudo que cessa é morte, e a morte é nossa
Se é para nós que cessa. Aquele arbusto
   Fenece, e vai com ele
   Parte da minha vida.
Em tudo quanto olhei fiquei em parte.
Com tudo quanto vi, se passa, passo,
   Nem distingue a memória
   Do que vi do que fui.

7-6-1928

102

Tarda o verão. No campo tributário
Da nossa sprança, não há sol bastante,
Nem se speravam as que vêm, chuvas
   Na estação, deslocadas.
Meu vão conhecimento do que vejo
Com o que é falso se contenta, a noite [?]
Em pouco dando à conclusão factícia
   Do moribundo tudo.[1]

7-6-1928

103

A cada qual, como a statura, é dada[1]
  A justiça: uns faz altos
  O fado,[2] outros felizes.
Nada é prêmio: sucede o que acontece.
  Nada, Lídia, devemos
  Ao fado, senão tê-lo.

20-11-1928

104

Nem da erva humilde se o Destino esquece.
  Seiva a lei o que vive.
De sua natureza murcham rosas
  E prazeres se acabam.
Quem nos conhece, amigo, tais quais fomos?
  Nem nós os[1] conhecemos.

20-11-1928

105

Quem diz ao dia, Dura! e à treva, Acaba!
    E[1] a si não diz, Não digas!
Sentinelas absurdas, vigilamos,
    Ínscios dos contendentes.
Uns sob[2] o frio, outros no ar brando,[3] guardam
    O posto e a insciência sua.[4]

21-11-1928

106

Negue-me tudo a sorte, menos[1] vê-la,
    Que eu, stoico sem dureza,

Na sentença gravada do Destino
    Quero gozar as letras.

21-11-1928

107

Sê lanterna, dá luz com vidro à roda.[1]
    Da luz[2] o calor guarda.
Não poderão os ventos opressivos
    Apagar tua luz;
Nem teu calor, disperso, irá ser frio
    No inútil infinito.

3-3-1929

108

Se recordo quem fui, outrem me vejo,
E o passado é um presente na lembrança.[1]
   Quem fui é alguém que amo
   Porém somente em sonho.
E a saudade que me aflige a mente
Não é de mim nem do passado visto,
   Senão de quem habito
   Por trás dos olhos cegos.
Nada, senão o instante, me conhece.
Minha mesma lembrança é nada, e sinto
   Que quem sou e quem[2] fui
   São sonhos diferentes.

26-5-1930

109

Quando, Lídia, vier o nosso outono
Com o inverno que há nele, reservemos
Um pensamento, não para a futura
   Primavera, que é de outrem,
Nem para o estio, de quem somos mortos,
Senão para o que fica do que passa –
O amarelo atual que as folhas vivem
   E as torna diferentes.

13-6-1930

110

Tênue, como se de Eolo a esquecessem,
A brisa da manhã titila o campo,
   E há começo do sol.
Não desejemos, Lídia, nesta hora
Mais sol do que ela, nem mais alta brisa
   Que a que é pequena e existe.

13-6-1930

111

No breve número de doze meses
O ano passa, e[1] breves são os anos,
   Poucos a vida dura.
Que são doze ou sessenta na floresta
Dos números, e quanto pouco falta
   Para o fim do futuro!
Dois terços já, tão rápido, do curso
Que me é imposto correr descendo, passo.
   Apresso, e breve acabo.[2]

18-6-1930

112

Não sei de quem memoro[1] meu passado
Que outrem fui quando o fui, nem se conheço
Como sentindo com minha alma aquela
    Alma que a sentir lembro.
De dia a outro nos desamparamos.
Nada de verdadeiro a nós nos une.
Somos quem somos, e quem fomos foi
    Coisa vista por dentro.

2-7-1930

113

Quem fui é externo a mim. Se lembro, vejo;
E ver é ser alheio. Meu passado
    Só por visão relembro.
Aquilo mesmo que senti me é claro.
Alheia é a alma antiga; o que em mim[1] sinto
    Veio hoje e isto é estalagem.[2]
Quem pode conhecer, entre tanto erro
De modos de sentir-se, a própria[3] forma
    Que tem para consigo?

2-7-1930

114

O que sentimos, não o que é sentido,
É o que temos. Claro, o inverno estreita.
   Como à sorte o acolhamos.
Haja inverno na terra, não na mente,
E, amor a amor, ou livro a livro, amemos
   Nossa lareira breve.

8-7-1930

115

Débil no vício, débil na virtude
A humanidade débil, nem na fúria
   Conhece mais que a norma.

Pares e diferentes nos regemos
Por uma norma própria, e inda que dura,
   Será à liberdade.

Ser livre é ser a própria imposta norma
Igual a todos, salvo no amplo e duro
   Mando e uso de si mesmo.[1]

9-7-1930

116

Não sei se é amor que tens, ou amor que finges,
O que me dás. Dás-mo. Tanto me basta.[1]
   Já que o não sou por tempo,
   Seja eu jovem por erro.
Pouco os Deuses nos dão, e o pouco é falso.
Porém, se o dão, falso que seja, a dádiva
   É verdadeira. Aceito,
   Cerro olhos: é bastante.[2]

12-9-1930

117

Quer pouco: terás tudo.
Quer nada: serás livre.
O mesmo amor que tenham
Por nós, quer-nos, oprime-nos.

1-11-1930

118

Não só quem nos odeia ou nos inveja
Nos limita e oprime; quem nos ama
   Não menos nos limita.
Que os Deuses me concedam que, despido
De afetos, tenha a fria liberdade

Dos píncaros sem nada.
Quem quer pouco, tem tudo; quem quer nada
É livre; quem não tem, e não deseja,
   Homem, é igual aos Deuses.

1-11-1930

119

Não quero, Cloe, teu amor, que oprime
Porque me exige amor. Quero ser livre.

A esperança é um dever do sentimento.

1-11-1930

120

Nunca a alheia vontade, inda que grata,
Cumpras por própria. Manda no que fazes,
   Nem de ti mesmo servo.
Ninguém te dá quem és. Nada te mude.
Teu íntimo destino involuntário
   Cumpre alto. Sê teu filho.

19-11-1930

121

No mundo, só comigo, me deixaram
   Os Deuses que dispõem.
Não posso contra eles: o que deram
   Aceito sem mais nada.
Assim o trigo baixa ao vento, e, quando
   O vento cessa, ergue-se.

19-11-1930

122

Os deuses e os Messias que são deuses
Passam, e os sonhos vãos que são Messias.
   A terra muda dura.
Nem deuses, nem Messias, nem ideias
Me trazem rosas. Minhas são se as tenho.
   Se as tenho, que mais quero?

8-2-1931

123

Do que quero renego, se o querê-lo
Me pesa na vontade. Nada que haja
   Vale que lhe concedamos
   Uma atenção que doa.

Meu balde exponho à chuva, por ter água.
Minha vontade, assim, ao mundo exponho,
   Recebo o que me é dado,
   E o que falta não quero.[1]

14-3-1931

124

Quem és, não o serás, que o tempo e a sorte
   Te mudarão em outro.
Para quê pois em seres te empenhares
   O que não serás tu?
Teu é o que és, teu o que tens, de quem
   É que é o[1] que tiveres?

22-9-1931

125

Breve o dia, breve o ano, breve tudo.
   Não tarda nada sermos.
Isto, pensado, me de a mente absorve
   Todos mais pensamentos.
O mesmo breve ser da mágoa pesa-me,
   Que, inda que mágoa, é vida.[1]

27-9-1931

126

Domina ou cala. Não te percas, dando
    Aquilo que não tens.
Que vale o César que serias? Goza
    Bastar-te o pouco que és.
Melhor te acolhe a vil choupana dada
    Que o palácio devido.

27-9-1931

127

Tudo, desde ermos astros afastados
    A nós, nos dá o mundo.
E a tudo, alheios, nos acrescentamos,
    Pensando e interpretando.
A próxima erva a que a mão chega basta,
    O que há é o melhor.

10-12-1931

128

Ninguém, na vasta selva religiosa
Do mundo inumerável, finalmente
    Vê o deus que conhece.
Só o que a brisa traz se ouve na brisa
O que pensamos, seja amor ou deuses,
    Passa, porque passamos.

10-12-1931

129

Se a cada coisa que há um deus compete,
Porque não haverá de mim um deus?
    Porque o não serei eu?
É em mim que o deus anima porque eu[1] sinto.
O mundo externo claramente vejo –
    Coisas, homens, sem alma.

Dezembro, 1931

130

Azuis os montes que estão longe param.
De eles a mim o vário campo ao vento, à brisa,
Ou verde ou amarelo ou variegado,
    Ondula incertamente.

Débil como uma haste de papoila
Me suporta o momento. Nada quero.
Que pesa o escrúpulo do pensamento
    Na balança da vida?
Como os campos, e vário, e como eles,
Exterior a mim, me entrego, filho
Ignorado do Caos e da Noite
    Às férias em que existo.

31-3-1932

131

Lídia, ignoramos. Somos estrangeiros
Onde quer que moremos. Tudo é alheio
    Nem fala língua nossa.
Façamos de nós mesmos o retiro
Onde esconder-nos, tímidos do insulto
    Do tumulto do mundo.
Que quer o amor mais que não ser dos outros?
Como um segredo dito nos mistérios,
    Seja sacro por nosso.

9-6-1932

132

Severo narro. Quanto sinto penso.
　　Palavras são ideias.
Múrmuro, o rio passa, e o som não passa,
　　Que é nosso, não do rio.
Assim quisera o verso: meu e alheio
　　E por mim mesmo lido.

16-6-1932

133

Flores amo, não busco. Se aparecem
Me agrado ledo, que buscar[1] prazeres
　　Tem o esforço[2] da busca.
A vida seja como o sol, que é dado,
Nem arranquemos flores, que, tiradas,[3]
　　Não são nossas, mas mortas.

16-6-1932

134

Sereno aguarda o fim que pouco tarda.
Que é qualquer vida? Breves sóis e sono.
　　Quanto pensas emprega
　　Em não muito pensares.[1]

Ao nauta o mar obscuro é a rota clara.
Tu, na confusa solidão da vida,
    A ti mesmo te elege
    (Não sabes de outro) o porto.

31-7-1932

135

Ninguém a outro[1] ama, senão que ama
O que de si há nele, ou é suposto.
Nada te pese que não te amem. Sentem-te
    Quem és, e és estrangeiro.
Cura de ser quem és, amem-te ou nunca.
Firme contigo, sofrerás avaro
    De penas.

10-8-1932

136

Já a beleza vejo com a mente
    E com pensar a amo.
    Assim me velho sinto.

Quem me dera o error restituído
    Com que a ignorava amando-a[1]
    E vendo-a me não via.[2]

13-8-1932

137

Ignora e spera! Quantos, por saberem,
Por não ser ciência perdem a esperança.
   Quantos, porque souberam,
Não querem já saber mais nem recordam
Como esperar, da inútil ciência ida
   Servos libertos hirtos.[1]
Que pesa que no pobre[2] entendimento
Como estrangeiro peses? Sê quem és
Nem cures de quem querem.
Algures onde ainda há mundo, pensa em
Alguém contigo, e os pastores são filhos
   Desse que te convinha.[3]

13-8-1932

138

Para quê complicar[1] inutilmente,
Pensando, o que impensado existe? Nascem
   Ervas sem razão dada
Para elas olhos, não razões, são a alma.[2]
Como através de um rio as contemplemos.

3-9-1932

139

Vive sem horas. Quanto mede pesa,[1]
 E quanto pensa mede.
Num fluido incerto nexo, como o rio
 Cujas ondas são ele,
Assim teus dias sê, e se te vires
 Passar, como a outrem, cala.

8-9-1932

140

Nada fica de nada. Nada somos.
Um pouco ao sol e ao ar nos atrasamos
Da irrespirável treva que nos pese
 Da úmida terra imposta,
Cadáveres adiados que procriam.
Leis feitas, státuas altas,[1] odes findas –
Tudo tem cova sua. Se nós, carnes
A que um íntimo sol dá sangue, temos
 Poente, por que não elas?
Somos contos contando contos, nada.

28-9-1932

141

Que mais que um ludo ou jogo é a extensa vida,
Em que nos distraímos de outra coisa –
    Que coisa, não sabemos –;
Livres porque brincamos se jogamos,
Presos porque tem regras cada[1] jogo;
    Inconscientemente?[2]
Feliz o a quem surge a consciência
Do jogo, mas não toda, e essa dele
    Em a saber perder.[3]

27-10-1932

142

Para ser grande, sê inteiro: nada
    Teu exagera ou exclui.
Sê todo em cada coisa. Põe quanto és
    No mínimo que fazes.
Assim em cada lago a lua toda
    Brilha, porque alta vive.

14-2-1933

143

Quanto faças, supremamente faze.
Mais vale, se a memória é quanto temos,
 Lembrar muito que pouco.
E se o muito no pouco te é possível,
Mais ampla liberdade de lembrança
 Te tornará teu dono.

27-2-1933

144

Rasteja mole pelos campos ermos
 O vento sossegado.
Mais parece tremer de um tremor próprio,
 Que do vento, o que é erva.
E se as nuvens no céu, brancas e altas,
 Se movem, mais parecem
Que gira a terra rápida e elas passam,
 Por muito altas, lentas.
Aqui neste sossego dilatado
 Me esquecerei de tudo,
Nem hóspede será do que conheço
 A vida que deslembro.
Assim meus dias seu decurso falso
 Gozarão verdadeiro.

27-2-1933

145

Quero ignorado, e calmo
Por ignorado, e próprio
Por calmo, encher meus dias
De não querer mais deles.

Aos que a riqueza toca
O ouro irrita a pele.
Aos que a fama bafeja
Embacia-se a vida.

Aos que a felicidade
É sol, virá a noite.
Mas ao que nada spera
Tudo que vem é grato.

2-3-1933

146

Cada dia sem gozo não foi teu:[1]
Foi só durares nele. Quanto vivas
   Sem que o gozes, não vives.

Não pesa que ames, bebas ou sorrias:
Basta o reflexo do sol ido na água
   De um charco, se te é grato.

Feliz o a quem, por ter em coisas mínimas
Seu prazer posto, nenhum dia nega
   A natural ventura!

14-3-1933

147

Pois que nada que dure, ou que, durando,
Valha, neste confuso[1] mundo obramos,
E o mesmo útil para nós perdemos
    Conosco, cedo, cedo,

O prazer do momento anteponhamos
À absurda cura do futuro, cuja
Certeza única é o mal presente
    Com que o seu bem compramos.

Amanhã não existe. Meu somente
É o momento, eu só quem existe[2]
Neste instante, que pode o derradeiro
    Ser de quem finjo[3] ser.

16-3-1933

148

Estás só. Ninguém o sabe. Cala e finge.
    Mas finge sem fingires.
Nada speres que em ti já não exista,
    Cada um consigo é tudo.
Tens sol se há sol, ramos se ramos buscas,
    Sorte se a sorte é dada.[1]

6-4-1933

149

Aqui, neste misérrimo desterro
Onde nem desterrado estou, habito,
Fiel, sem que queira, àquele antigo erro
    Pelo qual sou proscrito.

O erro de querer ser igual a alguém –
Feliz, em suma – quanto a sorte deu
A cada coração o único bem
    De ele poder ser seu.

6-4-1933

150

Uns, com os olhos postos no passado,
Veem o que não veem; outros, fitos
Os mesmos olhos no futuro, veem
    O que não pode ver-se.

Por que tão longe ir pôr o que está perto –
O dia real que vemos? No mesmo hausto
Em que vivemos, morreremos. Colhe
    O dia, porque és ele.

28-8-1933

151

Súdito inútil de astros dominantes,
Passageiros como eu, vivo uma vida
   Que nem quero nem amo,
   Minha porque sou ela.

No ergástulo de ser quem sou, contudo,
De em mim pensar me livro, olhando no atro
   Os astros que dominam,
   Submisso de os ver brilhar.

Vastidão vã que finge de infinito
(Como se o infinito se pudesse ver!) –
   Dá-me ela[1] a liberdade?
   Como, se ela a não tem?

19-11-1933

152

Coroa ou tiara[1]
É só peso posto
Na fronte antes lisa.[2]

Coroa de rosas,
Coroa de louros,
De nada nos servem.[3]

Que o vento nos possa
Tocar[4] nos cabelos,
Coroar-nos[5] a fronte!

Que a fronte despida
Possa reclinar-se,
Serena, onde durma.

Cloe! Não conheço
Melhor alegria
Que esta fronte lisa.

19-11-1933

153

Aguardo, equânime, o que não conheço –
    Meu futuro e o de tudo.
No fim tudo será silêncio, salvo
    Onde o mar banhar nada.

13-12-1933

154

Amo o que vejo porque deixarei
    Qualquer dia de o ver.
    Amo-o também porque é.
No plácido intervalo em que me sinto,
    Por amar, mais que ser,
    Amo o haver tudo e a mim.
Melhor me não dariam, se voltassem,
    Os primitivos deuses,
    Que, também, nada sabem.

11-10-1934

155

Vivem em nós inúmeros;
Se penso ou sinto, ignoro
Quem é que pensa ou sente.
Sou somente o lugar
Onde se sente ou pensa.

Tenho mais almas que uma.
Há mais eus do que eu mesmo.
Existo todavia
Indiferente a todos.
Faço-os calar: eu falo.

Os impulsos cruzados
Do que sinto ou não sinto
Disputam em quem sou.
Ignoro-os. Nada ditam
A quem me sei: eu escrevo.

13-11-1935

156

Cada momento que a um prazer não voto
Perco, nem curo se o prazer me é dado;
   Porque o sonho de um gozo
   No gozo não é sonho.

157

Cada um é um mundo; e como em cada fonte
Uma deidade vela, a[1] cada homem
    Por que não há de haver
    Um deus só de ele homem?

Na encoberta sucessão das coisas,
Só o sábio sente, que não foi mais nada
    Que a vida que deixou.

158

Cantos, risos e flores alumiem
    Nosso mortal destino,
Para o ermo ocultar fundo, noturno
    De nosso pensamento,
Curvado, já em vida, sob a ideia
    Do plutônico gozo,
Cônscio já da lívida esperança
    Do caos redivivo.

159

Como este infante que alourado dorme
    Fui. Hoje sei que há morte,
Lídia, há largas taças por encher
    Nosso amor que nos tarda.
Qualquer que seja o amor ou a taça, cedo[1]
    Cessa. Receia, e apressa.[2]

160

Deixemos, Lídia, a ciência que não põe
Mais flores do que Flora pelos campos,
   Nem dá de Apolo ao carro
   Outro curso que Apolo.

Contemplação estéril e longínqua
Das coisas próximas, deixemos que ela
   Olhe até não ver nada
   Com seus cansados olhos.

Vê como Ceres é a mesma sempre
E como os louros campos entumece
   E os cala pràs avenas
   Dos agrados de Pã.

Vê como com seu jeito sempre antigo
Aprendido no orige azul dos deuses,
   As ninfas não sossegam
   Na sua dança eterna.

E como as hemadríades constantes
Murmuram pelos rumos das florestas
   E atrasam o deus Pã
   Na atenção à sua flauta.

Não de outro modo mais divino ou menos
Deve aprazer-nos conduzir a vida,
   Quer sob o ouro de Apolo
   Ou a prata de Diana.

Quer troe Júpiter nos céus toldados,
Quer apedreje com as suas ondas

Netuno as planas praias
E os erguidos rochedos.

Do mesmo modo a vida é sempre a mesma.
Nós não vemos as Parcas acabarem-nos.
Por isso as esqueçamos
Como se não houvessem.

Colhendo flores ou ouvindo as fontes
A vida passa como se temêssemos.
Não nos vale pensarmos
No futuro sabido

Que aos nossos olhos tirará Apolo
E nos porá longe de Ceres e onde
Nenhum Pã cace à flauta
Nenhuma branca ninfa.

Só as horas serenas reservando
Por nossas, companheiros na malícia
De ir imitando os deuses
Até sentir-lhe[1] a calma.

Venha depois com as suas cãs caídas
A velhice, que os deuses concederam
Que esta hora por ser sua
Não sofra de Saturno

Mas seja o templo onde sejamos deuses
Inda que apenas, Lídia, pra nós próprios,
Nem precisam de crentes
Os que de si o foram.

161

É tão suave a fuga deste dia,
Lídia, que não parece que vivemos.
   Sem dúvida que os deuses
   Nos são gratos esta hora,

Em paga nobre desta fé que temos[1]
Na exilada verdade dos seus corpos
   Nos dão o alto prêmio
   De nos deixarem ser

Convivas lúcidos da sua calma,
Herdeiros um momento do seu jeito
   De viver toda a vida
   Dentro dum só momento

Dum só momento, Lídia, em que afastados
Das terrenas angústias recebemos
   Olímpicas delícias
   Dentro das nossas almas.

E um só momento nos sentimos deuses
Imortais pela calma que vestimos
   E a altiva indiferença
   Às coisas passageiras.[2]

Como quem guarda a c'roa da vitória
Estes fanados louros de um só dia
   Guardemos para termos,
   No futuro enrugado,

Perene à nossa vista a certa prova
De que um momento os deuses nos amaram
   E nos deram uma hora
   Não nossa, mas do Olimpo.

162

Eu nunca fui dos que a um sexo o outro
No amor ou na amizade preferiram.
Por igual amo, como a ave pousa
    Onde pode pousar.[1]

Pousa a ave, olhando apenas a quem pousa
Pondo querer pousar antes do ramo;
Corre o rio onde encontra o seu retiro
    E não onde é preciso.

Assim das diferenças me separo
E onde amo, porque o amo ou nenhum amo,[2]
Nem a inocência inata de quem ama[3]
    Julgo postergada nisto.[4]

Não no objeto, no modo está o amor,
Logo que a ame, a qualquer coisa amo.
Meu amor nela não reside, mas
    Em meu amor.[5]

Os deuses que nos deram este rumo
Do amor a que chamamos a beleza
Não na mulher só a puseram; nem
    No fruto apenas.[6]

163

Flores que colho, ou deixo,
Vosso destino é o mesmo.

Via que sigo, chegas
Não só aonde eu chego.

Nada somos que valha
Somo-lo mais que em vão.[1]

164

Ininterrupto e fluido[1] guia o teu curso
Lídia, e sereno para o mar distante.
    Teus manes não to param.
    Interrompem-to apenas.
Mas conta tu as tuas próprias horas,
À tua espera dá-te incerta Náiade [?]
    Que a porta [?] te não dá
    Tua legada vida...
Condescendente p'ra contigo própria,
Deixa aos certos Letes de fugir
    Vive com a verdade
    No instante dos demônios [?]
Que alhures a saber preso com deles
O céu do Fado, gozam a delícia
    Altiva de viverem
    Onde guardam suas vidas.

165

    Meu gesto que destrue
    A mole das formigas,
Tomá-lo-ão elas por de um ser divino;
Mas eu não sou divino para mim.
    Assim talvez os deuses
    Para si o não sejam,
E só de serem do que nós maiores
Tirem o serem deuses para nós.
    Seja qual for o certo,
    Mesmo para com esses
Que cremos serem deuses, não sejamos
Inteiros numa fé talvez sem causa.[1]

166

Não mais pensada que a dos mudos brutos
Se fada a humana vida. Quem destina
    Mais que os gados nos campos
    O fim do seu destino?

167

Não morreram, Neera, os velhos deuses.
Sempre que a humana alegria
    Renasce, eles se voltam
    Para a nossa saudade.

168

Não porque os deuses findaram, alva Lídia, choro...
Mas porque nas bocas de hoje os nomes sobrevivem
Mortos apenas, como nomes em pedras sepulcrais.
    Por isso, Lídia, lamento
Que Vênus em bocas cristãs seja uma palavra dita,
Que Apolo seja um nome que usam quantos
Sequentes de Cristo – e a crença lúcida
    Nos deuses puramente deuses,
Tenha passado e ficado, cinza do que era fogo,
Lama do que era água refletindo as árvores,[1]
Tronco morto do que dava fruto e florescia,
    Mas se choro, não creio
Menos que ainda existo, como existem os deuses.

169

No grande espaço de não haver nada
Que a noite finge, brilham mal os astros,
    Não há lua, e ainda bem.
Neste momento, Lídia, considero
Tudo, e um frio que não há me entra
    Na alma. Não existes.

170

No magno dia até os sons são claros.
Pelo repouso do amplo campo tardam.
  Múrmura, a brisa cala.
Quisera, como os sons, viver[1] das coisas
Mas não ser delas, consequência alada
  Em que o real vai longe.[2]

171

Outros com liras ou com harpas narram,
  Eu com meu pensamento.
Que, por meio de música, acham nada
  Se acham só o que sentem.
Mais pesam as palavras que, medidas,
  Dizem que o mundo existe.

172

Quatro vezes mudou a estação falsa
No falso ano, no imutável curso
  Do tempo consequente;
Ao verde segue o seco, e ao seco o verde;
E não sabe ninguém qual é o primeiro,
  Nem o último, e acabam.

173

Quero dos deuses só que me não lembrem.
Serei livre – sem dita nem desdita,
   Como o vento que é a vida
   Do ar que não é nada.
O ódio e o amor iguais nos buscam; ambos,
Cada um com seu modo, nos oprimem.
   A quem deuses concedem
   Nada, tem liberdade.

174

Se hás de ser o que choras
Ter que ser, não o chores.
Se toda a mole imensa
Do mundo ser-te-á noite,
Aproveita este breve
Dia, e sem choro ou cura
Goza-o, contente por viveres
O pouco que te é dado.

175

Sem clepsidra ou sem relógio o tempo escorre
E nós com ele, nada o árbitro scravo
   Pode contra o destino
Nem contra os deuses o desejo nosso.[1]

Hoje, quais servos com ausentes deuses,
Na alheia casa, um dia sem o juiz,
   Bebamos e comamos.
Será para amanhã o que aconteça.[2]

Tombai mancebos, o vinho em nobre taça
E o braço nu com que o entornais fique
   No lembrando olhar
Uma estátua de homem apontando.[3]

Sim, heróis sê-lo-emos[4] amanhã.
Hoje adiemos. E na nossa[5] taça
   O roxo vinho transpareça[6]
Depois – porque a noite nunca tarda.[7]

176

   Sob a leve tutela
   De deuses descuidosos,
Quero gastar as concedidas horas
   Desta fadada vida.

   Nada podendo contra
   O ser que me fizeram,
Desejo ao menos que me haja o Fado
   Dado a paz por destino.

   Da verdade não quero
   Mais que a vida; que os deuses
Dão vida e não verdade, nem talvez
   Saibam qual a verdade.

177

Sob estas árvores ou aquelas árvores
   Conduzi a dança,
Conduzi a dança, ninfas singelas
   Até ao amplo gozo
Que tomais da vida. Conduzi a dança
   E sê quasi humanas
Com o vosso gozo derramado em ritmos
   Em ritmos solenes
Que a vossa alegria torna maliciosos
   Para nossa triste
Vida que não sabe sob as mesmas árvores
   Conduzir a dança...

65-71a

APÊNDICE

A. POEMAS LACUNARES E FRAGMENTOS

178

Passando a vida em ver passar a de outros,
Botões de flor de um esforço nunca aberto
Na antiga semelhança com os deuses
    Que andam nos campos
A ensinar aos que as Parcas não ignoram
Como a vida se deve usar, e como
Há outro uso que agrícola dos campos
    E outro das fontes
Que beber delas na hora da sede.
Passando assim a vida, destruindo
O que fiamos ontem □
    Penélopes tristes.

11-8-1914

179

Antes de ti era a Mãe Terra scrava
Das trevas súperas que da alma nascem
    E caem sobre o mundo
    Porque atrás o sol brilha.[1]

A realidade ao mundo devolveste
Que haviam os cristãos fechado na alma
    E as portas reabriste
    Por onde aurora o carro

Ou Febo guie e os dois irmãos celestes
Quando no extremo mastro à noite luzem,
   Mais valham que um luzeiro
   Na ponta de um pau seco.

Restituíste a Terra à Terra. E agora
És parte corporal da própria terra,
   Ou sombra □
   Erras nas sombras frias,

Mas ao ouvir-te os povos com que auroras
Do abismo os íncolas as tristes frontes
   Erguem e sentem deuses
   Caminhar pelas sombras.

E eis que de nova luz o abismo se enche
E um céu raia a cobrir o absorto fundo
   Da fauce misteriosa
   Que traga o mal[2] do mundo.[3]

17-11-1918

180

Quero, da vida, só não conhecê-la.
Bastam, a quem o Fado pôs na vida,
   As formas sucessórias
   Da vida insubsistente.
Pouco serve pensar que são eternos
Os nossos nadas com que na alma amamos
   Os outros pobres nadas
   Que □
Gratos aos deuses, menos pla incerta

Posse do Sonhado certo, recolhamos
   A mercê passageira
   De instantes que não duram.

6-8-1923

181

Nada me dizem vossos deuses mortos
Que eu haja de aprender. O crucifixo
   Sem amor e sem ódio
   Do meu □ aparto.[1]

Que tenho eu com as crenças que o Cristo
Curvado o torso a mim, latino, morra?
   Mais com o sol me entendo
   Que com essas verdades...

Que o sejam... Deus a mim não só foi dado
Que uma visão das coisas que há na terra
   E uma razão incerta,
   E um saber que há deuses...

[6-8-1923]

182

Se em verdade não sabes (nem sustentas
Que sabes) que[1] há na vida mais que a vida,
Por que com tanto esforço e cura tanta,
    Te afastas de vivê-la?[2]

Por que, sem paraíso que apeteças,
Amontoas riquezas, nem as gastas,
É para teu cadáver que amontoas?
    Gozas menos que ganhas.

Ah, se não tens que esperes, salvo a morte,
Não cures mais que do preciso esforço
Para passar incólume na vida
    De □

Sim, gozas. Mas mais rico és que ditoso
Se só para o que perdes gozas,
Menos te o esforço oneraria,
    Sem ele.

Ah servidão irreprimível, nada
Da vida humana subsiste, que sabe
Que morre toda, e gasta-se nas obras
Egoísta de um futuro que não é seu.

Mas respondes-me: E os poemas que screves
A quem os dá futuro? A obra obrigas
E o homem só por semear semeia
    O que o Destino manda.

29-10-1923

183

Para os deuses as coisas são mais coisas.
Não mais longe eles veem, mas mais claro
Na certa Natureza
E a contornada vida...

Não no vago que mal veem
Orla misteriosamente os seres,
Mas nos detalhes claros
☐ estão seus olhos.

A Natureza é só uma superfície.
Na sua superfície ela é profunda
E tudo contém muito
Se os olhos bem olharem.

Aprende pois, tu, das cristãs angústias,
Ó traidor à multíplice presença
Dos deuses, a não teres
Véus nos olhos nem na alma.

184

Crer é errar. Não crer de nada serve.

28-9-1926

185

Nem relógio parado, nem a falta
Da água em clepsidra, ou ampulheta cheia,[1]
   Tiram o tempo ao tempo.

30-1-1927

186

O acaso,[1] sombra que projeta o Fado,
Seus dados lança, e o Destino os soma,
   E recolhem ao copo.[2]

30-1-1927

187

A inconstância dos deuses nos compele
E a força ignota do Destino a tudo.

188

A vida é triste. O céu é sempre o mesmo. A hora
Passa segundo nossa estéril, tímida maneira.
Ah não haver terraços sobre a Esperança.[1]

189

E[1] quanto sei do Universo é que ele
Está fora de mim.

190

Nem destino sabido[1]
Somos cegos, que veem só quem tocam.

191

Nós ao igual destino
Iniguais pertencemos.

192

Quer com amor, que sem amor, senesces.
Antes senescer tendo perdido que não tendo tido.

193

Sempre me leve o breve tempo flui.
Nem dor o faz mais lento.

194

Ser feliz é um jugo, o ser grande
É uma servidão: tudo repugno
  Salvo esta majestade.

B. ODES E POEMAS VARIANTES

I a

Seguro assento na coluna firme
Dos versos em que fico.
O criador interno movimento
Por quem fui autor deles
Passa, e eu sobrevivo, já não quem
Escreveu o que fez.
Chegada a hora, passarei também
E os versos, que não sentem
Serão a única restança posta
Nos capitéis do tempo.

A obra imortal excede o autor da obra;
E é menos dono dela
Quem a fez do que o tempo em que perdura.
Morremos a obra viva.
Assim os deuses esta nossa regem
Mortal e imortal vida;
Assim o Fado faz que eles a rejam.
Mas se assim é, é assim.
Aquele agudo interno movimento,
Por quem fui autor deles
Primeiro passa, e eu, outro já do que era,
Póstumo substituo-me.
Chegada a hora, também serei menos
Que os versos permanentes.
E papel, ou papiro escrito e morto
Tem mais vida que a mente.

Na noite a sombra é mais igual à noite
    Que o corpo que alumia.

29-1-1921

Ib

Seguro assento na coluna firme
    Dos versos em que fico.
Aquele agudo interno movimento,
    Por quem fui autor deles[1]
Passa, e eu, outro já que o autor[2] deles,
    Póstumo substituo-me.
Chegada a hora, também serei menos[3]
    Que os versos permanentes.[4]
E papel, ou papiro escrito e morto
    Tem mais vida que a mente.[5]
A obra imortal excede o autor da obra;
    E é menos dono dela
Quem a fez do que o tempo em que perdura.
    Imortais nos morremos.[6]
Durar, sentir, só com os altos deuses unem.[7]
    Nós não somos inteiros.
Assim os deuses esta nossa regem
    Mortal e imortal vida;
Assim o Fado faz que eles a rejam.[8]
    Mas se assim é, é assim.

29-1-1921

III a

O mar jaz. Gemem em segredo os ventos
   Em Eolo cativos,
Apenas com as pontas do tridente
   Franze as águas Netuno,
E a praia é alva e cheia de pequenos
   Brilhos sob o sol claro.
Eu quisera, Neera, que o momento,
   Que ora vemos, tivesse
O sentido preciso de uma frase
   Visível nalgum livro.
Assim verias que certeza a minha
   Quando sem te olhar digo
Que as coisas são o diálogo que os deuses
   Brincam tendo conosco.[1]
Se esta breve ciência te coubesse,
   Nunca mais julgarias
Ou solene ou ligeira a clara vida,
   Mas nem leve nem grave,
Nem falsa ou certa, mas assim, divina
   E plácida, e mais nada.

6-10-1914

IV a

Não consentem os deuses mais que a vida.
Por isso, Lídia, duradouramente
   Façamos-lhe a vontade
   Ao sol e entre flores.
Camaleões pousados na Natura[1]
Tomemos sua calma e alegria
   Por cor da nossa vida
   Por um jeito[2] do corpo.
Como vidros às luzes transparentes
E deixando cair[3] a chuva triste;
   Só mornos ao sol quente;
   E refletindo um pouco.

17-7-1914

VI a

O ritmo antigo que há nos pés descalços
Esse ritmo das ninfas copiado
   Quando sob arvoredos
   Batem o som da dança –

Pelas praias às vezes, quando brincam
Ante onde a Apolo se Netuno alia
   As crianças maiores,
   Tem semelhanças breves

Com versos já longínquos em que Horácio
Ou mais clássicos gregos aceitavam

A vida por dos deuses
Sem mais preces que a vida.

Por isso à beira deste mar, donzelas,
Conduzi vossa dança ao som de risos
   Soberbamente gregas[1]
   Pelos pés nus e a dança

Enquanto sobre vós arqueia Apolo
Como um ramo alto o azul e a luz da hora
   E há o rito primitivo
   Do mar lavando as costas.

9-8-1914

IX a

Coroai-me de rosas!
Coroai-me em verdade
   De rosas!

Quero toda a vida
Feita desta hora
   Breve.

Coroai-me de rosas
E de folhas de hera,
   E basta!

12-6-1914

IXb

Coroai-me de rosas.
Coroai-me em verdade
   De rosas.

Quero ter a hora
Nas mãos pagãmente
   E leve,

Mal sentir a vida,
Mal sentir o sol
   Sob ramos.

Coroai-me de rosas
E de folhas de hera
   E basta.

XIIa

Ad juvenem rosam offerentem

A flor que és, não a que dás, desejo.[1]
Por que me negas o que te não peço?
Tão curto tempo é a mais longa vida,
   E a juventude nela!

Flor vives, vã; por que te flor não cumpres?
Se te sorver esquivo o infausto abismo,
Perene velarás, absurda[2] sombra,
   Buscando o que não deste,[3]

Na oculta margem onde os lírios frios
Da ínfera leiva crescem, e a corrente
Monótona,[4] não sabe onde é o dia,
    Sussurro gemebundo.

21-10-1923

XIII a

Olho os campos, Neera,
Verdes campos, e penso
Em que virá um dia
Em que não mais os olhe.

Isto, se o meditar,
Me toldará os céus
E fará menos verdes
Os verdes campos reais.
Ah! Neera, o futuro
Ao futuro deixemos.
O que não stá presente
Não existe pra nós.

Hoje não tenho nada
Senão os verdes campos
E o céu azul por cima.
Seja isto todo o mundo.[1]

27-1-1914

XIIIb

Olho os campos, Neera,
Verdes campos, e sinto
Que um dia virá a hora
Em que não mais os olhe.

Tranquilo, apenas gozo,
Como brincando,[1] o orgulho
Da serena tristeza
Filha da visão clara.

6-6-1915

XIIIc

Olho os campos, Neera
Verdes campos, e sinto
Como virá um dia
Em que não mais os veja.

Par de árvores cobre
O céu aqui sem nuvens
E faz correr mais triste
A viva e alegre linfa.

Mas por um só momento
Fugaz e passageiro
Esta ideia eu emprego
Para o seu uso triste.

Cedo me volve a calma
Com que me faço o espelho
Do céu imperturbado
E da fonte insciente.

Deixa o futuro, – porque
Não chegou,[1] não é nada;
Só a hora presente
Tem a realidade.[2]

Vive a imperfeita hora
Perfeitissimamente[3]
E sem nada esperares
Dos homens, nem dos deuses.

XV a

Este, seu escasso campo ora lavrando,
Ora, cansado, olhando-o com a vista
    De quem a um filho olha
    Passa alegre na vida.
Pouco lhe importa sob que Deus arrasta
A vida, louvores doutos ou néscios
    São-lhe a mesma distância
    De todos os seus dias...
Figura eterna longe de[1] cidades,
Passa na vida sob a maior graça
    Que os deuses nos concedem –
    Que é não se nos mostrarem
Nas ativas presenças encobertos
Com o céu e a terra e o riso das searas

Quais ricos disfarçados
Dando aos pobres sem glória...

27-9-1914

XVI a

Não pra mim mas pra ti teço as grinaldas
Que de hera e rosas eu na fronte ponho.
    Para mim tece as tuas
    Que as minhas eu não vejo.

Um para o[1] outro, mancebo, realizemos
A beleza improfícua mas bastante
    De agradar um ao outro
    Plo prazer dado aos olhos.

O resto é o Fado que nos vai contando
Pelo bater do sangue em nossas frontes
    A vida até que chegue
    A hora do barqueiro.

30-7-1914

XVII a

Não queiras, Lídia, construir[1] no spaço
Que tu te crês[2] futuro, ou prometer-te
    Esta ou aquela vida.

Tu-própria és tua vida.
Sonha teus sonhos onde os sonhos vivem.

Não te destines. Não te dês[3] futura.
Cumpre hoje, e a gestal taça gasta
   Ínscia da que se segue
   E inda vazia enches.[4]

Quem sabe se entre a taça que tu bebes
E a que queres que siga não te a[5] Sorte
   Não interpõe, sábia,
   Toda □

XX a

Cuidas tu, louro Flaco, que apertando
Os teus estéreis,[1] trabalhosos dias
   Em feixes de hirta lenha,
   Cumpres a tua vida?
A tua lenha é só peso que levas
Para onde não tens fogo a que aquecer-te[2]
   Nem levam peso ao colo[3]
   As sombras que seremos.
Aprende calma com o céu unido
E com a fonte a ter unido[4] curso.
   Não sejas a clepsidra
   Que conta as horas de outros.

11-7-1914

XXb

In Flaccum

Cuidas tu, louro Flaco, que cansando
Os teus estéreis trabalhosos dias
    Darás mais sorrisos ao campo
E mais sorrisos a Ceres antiga...[1]
Põe mais vista em notares que tens flores
    No teu jardim ☐

3a

Os deuses desterrados
Os irmãos de Saturno
Às vezes no crepúsculo
Vêm espreitar a vida...

Vêm então ter conosco
Remorsos e saudades...
É a presença deles,
Deuses que o destroná-los
Tornou espirituais,
De matéria divina
Longínqua e inativa...[1]
E o poente tem cores
De tristeza e cansaços
E ouve-se soluçar
Para além das esferas
Hiperion que chora

O seu palácio antigo
Que Apolo lhe roubou...

12-6-1914

12 a

Não tenhas nada nas mãos
Nenhuma memória na alma

Que quando te puserem
Nas mãos o óbolo último

Nada terás deixado
Na terra atrás de ti

Tu serás só tu-próprio
E Minos ou Plutão

Não poderão roubar-te
O que nunca tiveste.

Que trono te querem dar
Que Átropos to não tire?

Que Coroa que não fane
No arbítrio de Minos?

Que horas que não te tornem
Da estatura da sombra

Que serás quando fores
O fim da tua estrada?

Colhe as flores. Abdica
E sê rei de ti-próprio.[1]

29 a

Não batas palmas diante da beleza.
Não se sente a beleza demasiado.
　A beleza não passa
　É a sombra dos Deuses.

Mexa-se embora a nossa estéril vida,
Desdobre Eólo sobre nós seus ventos[1]
　☐
　☐

As estátuas aos deuses representam
Porque as estátuas são calmas e eternas
　Nem lhes fiam seu curso
　E negro limbo as Parcas.

Na chuva de ouro Jove é Jove.
As leis de Diana são a sua calma
　E é sempre lento[2] e o mesmo
　O alto curso de Apolo.[3]

O que chamaremos leis na ação dos Deuses
São apenas a sua ☐ calma[4]
　Não de cima lhe vêm.
　São seu modo de alma.[5]

17-7-1914

38a

Não a ti, Cristo, odeio ou menos prezo
Que aos outros deuses que te precederam
        Na memória dos homens.
Nem mais nem menos és, mas outro deus.
No Panteão faltavas. Pois que vieste
No Panteão o teu lugar ocupa,
        Mas cuida não procures
Usurpar o que aos outros é devido.

Teu vulto triste e comovido sobre
A stéril dor da humanidade antiga
        Sim, nova pulcritude
Trouxe ao antigo panteão incerto.

Mas que os teus crentes te não ergam sobre
Outros, antigos deuses que dataram
        Por filhos de Saturno
De mais perto da orige' igual das coisas,

E melhores memórias recolheram
Do primitivo caos e da Noite
        Onde os deuses não são
Mais que as estrelas súditas do Fado.

9-10-1916

38b

Não a ti, mas aos teus, odeio,[1] Cristo.
Tu não és mais que um deus a mais no eterno
    Panteão que preside
    À nossa vida incerta.
Nem maior nem menor que os novos deuses,
Tua sombria forma dolorida
    Trouxe algo que faltava
    Ao número dos divos.

Por isso reina a par de outros no Olimpo,
Ou pela triste terra se quiseres
    Vai enxugar o pranto
    Dos humanos que sofrem.

Não venham, porém, stultos teus cultores
Em teu nome vedar o eterno culto
    Das presenças maiores
    E eguales[2] da tua.

A esses, sim, do âmago eu odeio
Do crente peito, e a esses eu não sigo,
    Supersticiosos leigos
    Na ciência dos deuses.

Ah, aumentai, não combatendo nunca.
Enriquecei o Olimpo, aos deuses dando
    Cada vez maior força
    Plo número maior.

Basta os males que o Fado as Parcas fez
Por seu intuito natural fazerem.

Nós homens nos façamos
Unidos pelos deuses.

9-10-1916

39 a

Sofro, Lídia,[1] do medo do destino.
A leve pedra que um momento ergue
As lisas rodas do meu carro, aterra
    Meu coração.
Tudo quanto me ameace de mudar-me
Para melhor que seja, odeio e fujo.
Deixem-me os deuses minha vida sempre
    Sem renovar
Meus dias, mas que um passe e outro passe
Ficando eu sempre quasi o mesmo, indo
Para a velhice como um dia entra
    No anoitecer.

63 a

Pequena vida consciente
A quem outra persegue
A imagem repetida
Do abismo onde perdê-la.

22-10-1923

65a

A folha insciente, antes que própria morra
    Para nós morre, Cloe,
Para nós, que sabemos que ela morre,[1]
    Assim, Cloe, assim
Antes que os próprios corpos, que empregamos
    No amor, ela envelhece.
Assim, diversos, somos, inda jovens,
    Só a mútua lembrança.
Ah, se o que somos é sempre isto, e apenas
    Uma hora é o que somos,
Com tal excesso e fúria em cada amplexo[2]
    A hausta vida ponhamos,[3]
Que a memória haja vida; e nos beijemos[4]
    Como se, findo o beijo
Único, houvesse de ruir a súbita
    Mole do total[5] mundo.

[27-10-1923]

163a

Flor que colho, ou que deixo,
Teu Destino é o mesmo.

Via que trilho, chegas
Só até onde chego.

Nada somos que valha
Somo-lo com mais

Que só os dias □

berto Caeiro:

Para além da curva da estrada
Talvez haja um poço, e talvez um castello,
E talvez apenas a continuação da estrada.
Não sei nem pergunto.
Em quanto vou na estrada antes da curva
Só olho para a estrada antes da curva,
Porque não posso ver senão a estrada antes da curva.
De nada me serviria estar olhando para outro lado
E para aquillo que não vejo.
Importemo-nos apenas com o logar onde estamos
Ha belleza bastante e estar aqui e não n'outra parte
                                                qualquer.
Quem ha alguem para além da curva da estrada,
Esses que se preoccupem com o que ha para além da curva da
                                                estrada.
Se nós tivermos que chegar lá, quando lá chegarmos saberem
Por ora só sabemos que lá não estamos.
Aqui ha só a estrada antes da curva, e antes dacurva
Ha a estrada sem curva nenhuma

Ricardo Reis.

Deixemos, Lydia, a sciencia que não põe
Mais flores do que Flora pelos campos,
    Nem dá de Apollo ao carro
    Mais curso que Apollo
Contemplação esteril e longinqua
Das cousas proximas, deixemos que ella
    Olhe até não ver nada
    Com seus cançados olhos.
Vê como Ceres é a mesma sempre
E como os louros campos entumesce
    E os cala prás avenas
    Do agrado de Pan.
Vê como com seu geito sempre antigo
Aprendido no origem azul dos deuses
    As nymphas não socegam
    Na sua dança eterna.
E como as hemadryades constantes
Murmuram pelos rumos das florestas
    E atrazam o deus Pan
    Na attenção á sua flauta.

NOTAS

PARTE I
ODES — LIVRO PRIMEIRO

As vinte odes que compõem este conjunto com o título, atribuído por Fernando Pessoa, de *Livro primeiro*, foram publicadas na revista *Athena*, por ele fundada e dirigida em parceria com o pintor Rui Vaz, no seu nº 1, outubro 1924, pp. 19-24. De onze (I, III, IV, VI, IX, XII, XIII, XV, XVI, XVII e XX) destas vinte odes, existem, no espólio do poeta, odes variantes – escritas algumas delas dez anos antes e cujos primeiros versos constam de um projeto de 1914 (48G-20 e 21) – que se transcrevem no apêndice B.

PARTE II
ODES E OUTROS POEMAS

1

51-9; dat.

O testemunho 51-9, que continua até 51-13, tem ao cimo a seguinte indicação: *Algumas odes de Ricardo Reis. Do Livro I. Das "Odes", provavelmente.*

No testemunho manuscrito 51-1, a ode surge com a dedicatória: "A A. Caeiro".

Esta ode consta do projeto de 1914 (48G-21) com o número I.

2

51-10; dat.

O documento com a cota 51-10 é continuação de 51-9 (ver nota ao poema anterior).

A ode consta também do projeto de 1914 com o número VII.

3

51-9 e 10; dat.

Acerca dos testemunhos 51-9 e 51-10, ver notas aos dois poemas anteriores.

A ode consta do projeto de 1914 com o número II.

Existe uma versão manuscrita desta ode, em 51-1v., com a mesma data: 3a (ver apêndice, p. 160).

4

> 51-10; misto.
>
> Ver notas aos poemas 1 e 2.
>
> A ode consta do projeto de 1914 com o número VIII.

5

> 51-12; dat.
>
> Ver nota ao poema 1.
>
> No projeto de 1914, a ode tem o número IX.

6

> 51-1v.; ms.
>
> No projeto de 1914, a ode tem o número XX.

7

> 51-11; dat.
>
> Ver nota ao poema 1.
>
> No projeto de 1914, a ode tem o número VII.

8

> 51-13; dat.
>
> Ver nota ao poema 1.
>
> Esta seria a última ode do conjunto considerado no projeto de 1914 (48G-21).

9

> 52-1 e 1v.; ms.
>
> 1. Var. sobrep.: *órfãs*.

10

> 51-1v.; ms.
>
> 1. Var. subp. para todo o verso: [.] *através dos ramos*.

11

> 51-10; dat.
>
> Ver nota ao poema 1.
>
> A ode consta do projeto de 1914 com o número XV.

12

51-11; dat.

Ver nota ao poema 1.

A sétima estrofe termina, certamente por lapso do autor, sem ponto de interrogação – que consta, aliás, da versão manuscrita de 51-6v.: 12a (ver apêndice, p. 161).

Esta ode consta do projeto de 1914 com o número IV.

13

51-12; dat.

Ver nota ao poema 1.

Esta é a ode IX do projeto de 1914.

14

51-8v.; ms.

A data 11/7/1914 consta do testemunho 51-8r.

A ode consta do projeto de 1914 com o número V.

1. Var. sobrep.: *nascente.*
2. Var. sobrep.: *suspiro.*
3. Var. sobrep.: *Do nosso pensamento.*
4. Var. sobrep.: *Curvados.*
5. Var. sobrep.: *Cônscia.*
6. Var. sobrep.: *aguardança.*

15

51-14v.; ms.

Esta é a ode com o número XIII no projeto de 1914.

ᶻᶻᶻᶻ Var. subp.: *Como um rio.*

16

51-17; misto.

O autor não recolhe os terceiros e quartos de cada estrofe, embora se trate de uma versão datilografada e, por isso, aparentemente, mais acabada.

Esta ode tem o número XXXV no projeto de 1914.

1. Var. sobrep.: *forcemos.*
2. Var. sobrep. a *Acima de um: A estar mais que em.*
3. Var. sobrep. a [*Com*] *outra consciência:* [*Com*] *outro fim do* [sobrep. *no*] *gozo.*

4. Var. sobrep. a [E] *sob* [*uma outra*] *espécie*: [E] *com* [*uma outra*] *consciência*; e var. subp. para *espécie*: *ciência*.
5. Var. sobrep. a *De*: *No*.
6. Var. subp. para [E] *há só noite lá fora*: [E] *é noite sobre Ceres*.

17

51-17v.; dat.
O autor não recolheu os versos alternadamente, apesar de se tratar de uma versão datilografada.
No projeto de 1914, esta ode tem o número XIII.

18

51-18; misto.
O autor não recolhe os versos alternadamente, apesar de se tratar de uma versão datilografada.
A ode consta do projeto de 1914 com o número XXIV.
1. Var. a seguir, entre parênteses: *usar*.

19

51-18 e 18v.; misto.
Esta ode tem o número XIV no projeto de 1914.
1. Var. ms. ao lado da linha para *a alma*: *o gosto*.
2. Var. sobrep. a *com pensar*: *pensarmos*. Na margem direita, há três versos variantes dos dois primeiros da estrofe: *Se a nossa vida esquece/ Poderemos julgarmo-nos/ Livres inteiramente*.
3. Var. na margem para todo o verso: *E essa ilusão de agora*.
4. Var. subp.: *Far-nos-á como os*.

20

51-18v.; misto.
Trata-se da ode com o número II no projeto de 1914.

21

51-19v.; misto.
A ode tem o número XXII no projeto de 1914.
1. Var. a seguir, entre parênteses: *dizerdes*.
2. Var. subp. a *de outra espécie*: *mais alegres*.
3. Var. a seguir, entre parênteses: *agradam*.
4. Var. sobrep.: *natural*.
5. Os dois últimos versos estão dubitados.

173

22

52-38v. e 37; ms.

Esta é a ode número XXIX no projeto de 1914, onde consta a data.

23

52-37; ms.

A data é muito provavelmente a mesma do poema anterior, dado que este poema se encontra escrito na mesma folha e imediatamente a seguir ao anterior, nº 22.

No documento autógrafo, a primeira estrofe surge em segundo lugar.

24

52-38 e 38v.; ms.

A ode consta do projeto de 1914 (onde vem indicada a data) com o número XXIII.

1. Existem dois versos variantes dos dois últimos, escritos depois de um traço horizontal em toda a largura da folha: *E o longínquo sorriso/ De quem assiste à vida.*

25

57A-57v.; ms.

1. *Agora eu* é var. sobrep. a *E agora* que não dava sequência ao sentido da estrofe anterior.

26

51-22; dat.

Apesar de se tratar de uma versão aparentemente acabada, o autor não recolhe os terceiros e quartos versos das estrofes.

A ode consta do projeto de 1914 com o número XXXIV.

1. Var. a seguir, entre parênteses: *passava.*
2. Var. a seguir, entre parênteses: *mexiam.*
3. Var. a seguir, entre parênteses: *atra* e *outra.*
4. Var. a seguir, entre parênteses: *é Saturno?*

27

51-22; misto.

O autor não recolhe os terceiros e quartos versos das estrofes.

Esta é a ode número XVI do projeto de 1914.

1. Var. sobrep.: *confiada*.
2. Var. subp. para todo o verso: *Que nós o desejemos*.

28

51-20; misto.

O autor não recolheu os terceiros e quartos versos das estrofes, apesar de se tratar de uma versão datilografada (apenas com a variante manuscrita).

Trata-se da ode número XXXI do projeto de 1914.

1. Var. subp.: *Humanidade*.

29

Sinais 3-49; ms.

S. atrib.

Existe uma ode variante (?) deste, inacabada.

1. Var. sobrep. para o verso: [*E*] *que nunca se possa*.
2. Opta-se pela var. na margem aos dois últimos versos, deixados incompletos: *E terás teu lugar/ À sua à mesa* [var. sobrep.: *À vista da sua mesa*; var. subp.: *A ideia da sua mesa*].

30

51-23 e 23v.; dat.

O autor não destaca à esquerda os terceiros versos das estrofes, apesar de se tratar de uma versão aparentemente acabada.

No projeto de 1914, esta é a ode número XXXVII.

31

51-24; misto.

No projeto de 1914, esta é a ode número XXXVI.

32

51-25 a 26; misto.

O autor escreveu, por lapso e certamente por influência do inglês, "cheque", em vez de "xeque".

O poema traz no cimo da folha a indicação do título do conjunto a que pertenceria: "Ao Serviço dos Deuses (*Ao Serviço de Apolo*)/ *Odes e Poemas neopagãos*./ *de Ricardo Reis*".

1. Var. a seguir, entre parênteses: *contar*.
2. Var. a seguir, entre parênteses, para todo o verso: *A sua sóbria sede*.
3. No original: *sangue(s)*.

4. Var. sobrep. a *desde a alma*: *com acerto*.
5. Var. a seguir, entre parênteses: *distância*.
6. Var. a seguir, entre parênteses: *branca*.
7. Var. a seguir, entre parênteses, para todo o verso: *O saque pouco importa*.
8. O autor colocou entre parênteses os versos variantes dos dois últimos da estrofe, escritos anteriormente: *É ainda dado ao cálculo dum lance/ Pra a efeito horas depois*.

33

51-26; misto.
Os terceiros e quartos versos das estrofes não são recolhidos pelo autor.

1. Var. subp. para o verso: [*Que*] *fama* [*e*] *que* [*virtude*].
2. Toda a estrofe está dubitada.
3. A palavra inicial surge entre colchetes, acrescentados à mão.

34

51-27; ms.
1. Var. sobrep.: *Lance*.
2. Var. sobrep.: *estoirando*.
3. Var. sobrep.: *pecureiro*.
4. Palavra dubitada.
5. Var. sobrep.: *cobrindo*.
6. Var. sobrep.: [*De uma*] *beleza eterna*.

35

51-28; misto.
Na margem direita, no nível da estrofe 3, há a indicação datilografada, em inglês, *omit*.
No final do poema, o autor acrescentou, também à máquina, a seguinte frase: "*all this is to be corrected but the first two stanzas are not bad*" [tudo isto é para ser corrigido, mas as duas primeiras estrofes não são ruins].

36

51-29; misto.
S. atrib.
Existe a indicação "Ode", no cimo da folha.
Esta ode consta do projeto de 1914 com o número XXXVIII.

1. Var. sobrep.: *outro.*
2. Var. sobrep.: *incertamente.*
3. Var. sobrep.: *o filho.*
4. Var. ao lado para todo o verso: *O estígio óbulo devido.*
5. O artigo *o* está entre parênteses, acrescentados à mão.

37

52-4; ms.
1. No fim da folha, há três versos variantes dos dois primeiros versos da estrofe: *Consegui que desta hora/ O sacrificial fumo/ Subisse até ao Olimpo.*

38

51-30; dat.
Existem duas odes variantes desta, com a mesma data, uma escrita na mesma folha, outra no testemunho 51-31, transcritas no apêndice, pp. 163-4.

39

51-32v.; dat.
S. atrib.
Na parte da frente da folha, há uma ode variante desta (ver apêndice, p. 165).

40

52-5; ms.
1. Var. sobrep.: *encavado.*

41

52-6r. e v.; ms.
A segunda e a terceira estrofes apresentam-se com muitas discrepâncias de sentido, dado que o autor riscou alguns versos, acrescentou ao lado versos variantes, mas não recompôs o conjunto.
1. Var. sobrep. a *ignota lei: leis diversas.*
2. Var. a seguir, entre parênteses: *reparte*; var. sobrep. para parte do verso: [*Entre os homens*] *reparte outro Fado.*
3. O *s* de *estar* encontra-se entre parênteses, tendo uma var. sobrep.: *que sente.*
4. Ao lado, versos variantes dos três últimos: *Entre os homens reparte o fado e os deuses/ Sem justiça ou injustiça/ Prazeres, dores, gozos e perigos.*

5. Ao lado da estrofe, versos: *Nós confiantes dos deuses/ E nem os deuses sabem do Destino.*
6. Var. sobrep.: *feita para a julgarmos.*
7. Var. sobrep. a *hoje: amanhã; a amanhã: e depois.*
8. Var. sobrep.: *rebelam.*
9. Var. subp.: *auge.*

42

51-33; ms.

43

51-33; ms.

44

58-81; misto.
S. atrib.
Os terceiros e quartos versos das estrofes não estão recolhidos pelo autor.
1. Var. sobrep. para todo o verso: *Cedo de mais vem sempre o inverno e a dor* [sobrep.: *Cloe, o inverno*].
2. Var. sobrep.: *Só sabe.*

45

58-81; misto.
S. atrib.
Os terceiros e quartos versos das estrofes não estão recolhidos.
1. Var. a seguir, entre parênteses: *E põe-se música ao meu.*
2. Depois de *amor*, entre parênteses: *que acompanha*; e, ao lado, à direita: *Eros conosco invisível.*

46

44-2; ms.
S. atrib.
Atribuído a Fernando Pessoa e, como tal, incluído em *Poemas de Fernando Pessoa*, tomo II – 1915-1920, edição crítica. vol. I, edição de João Dionísio, Lisboa: Imprensa Nacional; Casa da Moeda, 2005.
O autor não recolhe os versos alternadamente.
1. Verso dubitado.

47

58A-17; ms.

S. atrib.

Atribuído a Fernando Pessoa e, como tal, incluído em *Poemas de Fernando Pessoa*, tomo II – 1915-1920, edição crítica. vol. I, edição de João Dionísio, Lisboa: Imprensa Nacional; Casa da Moeda, 2005.

  1. Palavra dubitada: *elucidada*.

48

52-9v.; misto.

S. atrib.

Os terceiros e quartos versos das estrofes não se apresentam recolhidos.

  1. Var. subp. para *odeies* e *creias*: *odies* e *queiras*; ao lado, entre parênteses, var. para todo o verso: *Nada mudas que mudas*.

  2. Var. sobrep.: *que a postiça*.

  3. Var. sobrep.: *servo*.

  4. Var. ao lado para todo o verso: *Onde a vontade finge*.

  5. Var. sobrep.: [*Aí*], *por inimigos há apenas*; ao lado, outra var.: *Aí vencido, tu por vencedores*.

  6. Var. subp.: *De*. Toda esta estrofe se encontra dubitada e separada das outras por dois traços horizontais.

  7. Var. sobrep.: *súbita*.

  8. Var. para *intervir* sobrep.: *ser*; ao lado, na margem direita: *moderar*.

  9. Var. subp. para todo o verso: *Intrometido da mente*; ao lado, na margem esquerda, var. para *Intrometido*: *Intromissor*.

 10. Var. ao lado: *parte?*

 11. Var. sobrep.: *gire*.

 12. Var. subp.: *externo*.

49

51-9r.; ms.

  1. Var. subp.: *nas ervas*.

  2. Var. ao lado, para todo o verso: *E vazio sofre ao sol*.

  3. Var. subp. a *da alma*: *entreaberto, aberto*; ao lado: *O átrio abandonado*.

  4. Var. subp.: [*Não*] *querermos*.

50

59-20; misto.
1. As palavras *morte* e *roube* estão interrogadas.
2. Var. subp.: *que*.

51

119-8; ms.
S. atrib.

52

119-8; ms.
S. atrib.
1. Var. sobrep. a *dadas aos*: *herdadas de*.

53

119-8; ms.
S. atrib.
1. Var. sobrep.: *fama*.
2. Var. subp.: *nato*.

54

52-10r. e v.; ms.
O segundo verso da terceira estrofe é todo ele de leitura muito duvidosa.
1. Var. mais abaixo para os dois últimos versos: *Não conhecemos quem será o morto/ De hoje que então acaba* [subp.: *nos morra*].
2. Var. sobrep.: *comum a nós e a ele,*.
3. A seguir, há dois versos rejeitados: *O nosso ser presente e limitado/ Em tudo quanto está por nós*.
4. Var. subp.: *Alheia*.

55

51-104; dat.
S. atrib.
A data consta do testemunho 144x-46.

56

52-11; ms.
1. O autor escreveu inicialmente *fiquem*, que riscou, acrescentando duas var. sobrep.: *durem* e *sejam*.

2. Var. sobrep. para todo o verso: *Feitos para um porvir* □ *e extenso.*

57

51-35; misto.
1. Var. ao lado para os versos 2 e 3 da estrofe: *Em que, mau grado vosso,/ Negais-me o que me dais.*
2. Var. ao lado para os versos 1 e 2 desta estrofe: *Antes vós, sem m'o dardes/ M'o prometais, que a perda.*

58

51-35; dat.

59

51-36; dat.

60

51-36; dat.

61

51-38; dat.

62

51-38; dat.

63

52-13; ms.
Existe uma ode variante desta, mais curta (ver apêndice, p. 165).

64

51-42; ms.
1. Var. sobrep. para o verso: *Quantas [flores puderes].*
2. Var. subp.: *que recordares* e *de que recordes.*
3. Var. sobrep.: *o que.*

65

52-14r.; ms.
Existe uma versão alternativa, também manuscrita, provavelmente da mesma data (ver apêndice, p. 166).
1. Var.: *ruem.* Não é muito claro qual das duas palavras o autor escreveu em primeiro lugar.

2. Var. na margem esquerda para este verso e o seguinte: *O amor, antes que os corpos que empregamos/ Nele, em nós envelhece.*

3. Var. sobrep. para todo o verso: *Só à mútua lembrança.*

4. Palavra dubitada. Na margem inferior da folha, há uma versão alternativa de todo este verso: *Ah, se o que somos será isto sempre.*

5. Var. na margem inferior para todo o verso: *E é só um dia o que somos*; [*E é só*] *a hora* [*o que somos*]; [*E é só*] *o que é um momento*; *E só uma hora é o que somos.*

6. Na margem inferior, há uma versão alternativa de três versos para substituir eventualmente este: *Com tal excesso e fúria em cada amplexo / A hausta vida ponhamos, / Que trema inda* [var. subp.: *encha toda*] *a memória, e nos beijemos.*

7. Var. subp.: *inteiro.*

66

51-43; dat.

67

52-15; ms.

1. Var. sobrep.: *pudera.*

2. Var. na margem inferior da folha para todo o verso: *Vê-lo, não o veria*; [*Vê-lo,*] *grato o não vira.*

3. Verso dubitado, com var. subp. para *e fecho a porta*: *e não pergunto.* Na margem inferior, os dois últimos versos surgem reformulados, dando lugar a quatro, ainda com uma variante parcial: *Se mo mostrara um quadro, ou o virara / Não tenho o que não tenho. / O que o Destino manda, saiba-o ele / Basta-me não ser nada* [var. mais abaixo: *A ignorância me basta*].

68

52-16r.; ms.

1. O autor riscou *se muda*, acrescentando, por cima, *se torna* e, por baixo, *não dura.*

2. Var. na margem inferior para todo o verso: *Da hora incerta a chama agasalhemos.*

3. Var. na margem inferior para todo o verso: *Com dedos que se sfriam / Com côncavas mãos frias.*

69

59-53av.; ms.
S. atrib.
Atribuído a Fernando Pessoa e, como tal, incluído em *Poemas de Fernando Pessoa*, tomo III – 1921-1930, edição crítica. vol. I, edição de Ivo de Castro. Lisboa: Imprensa Nacional; Casa da Moeda, 2001.

70

52-16v.; ms.
1. Var. sobrep.: *Regular.*
2. Var. sobrep.: *magnos.*
3. Var. na margem inferior: (*e*) *usamos.*
4. O autor encarou algumas alternativas para os dois últimos versos, escritas na margem inferior: *Um pouco de discurso; / Partimos na hora vinda, e somos nada / Um tempo de discurso, / Um breve* [var. sobrep.: *dúbio*] *amor, um sorriso breve, e um dia / Saudoso de todos.*

71

52-17; ms.
1. Var. sobrep. ilegível.
2. Esta quarta estrofe, dubitada, substituiu uma estrofe também dubitada, escrita, porém, antes da que figura agora como terceira: *Ó Deuses* [sobrep.: *numes*] *imortais, saiba eu ao menos / Sem cura ou fúria deixar passar meus dias, / E anônimo a um anônimo / Me arrastar a corrente.*

72

30A-18v.; ms.
S. atrib.
Ode inédita que, atendendo à forma e ao tema, não parece oferecer nenhuma dúvida quanto à sua atribuição a Ricardo Reis.
1. Var. sobrep. a *deu*: *dá.*

73

51-52; dat.
S. atrib.

74

Publicada na revista *presença*, nº 6, Coimbra, 18 de julho de 1927, p. 3, integrada num conjunto intitulado "Três odes". As outras duas são as que constam desta edição, com os nᵒˢ 72 e 80.

A data de 13/6/1926 consta do testemunho 51-53.

75

Publicada em *presença*, nº 10, Coimbra, 15 de março de 1928, p. 2. A data de 13/6/1926 consta do testemunho 51-53.

76

Publicada na revista *presença*, nº 6, Coimbra, 18 de julho de 1927, p. 3, integrada num conjunto intitulado "Três odes". As outras duas são as que constam desta edição, com os nᵒˢ 70 e 80.

A data de 14/6/1926 consta do testemunho 51-53.

77

52-18; ms.

A seguir à data, 28/9/1926, o autor acrescentou, em inglês, "*a.m. early*".

1. Var. sobrep.: *iterada*.
2. Var. sobrep.: *deserta*.
3. Var. subp.: *a quem o faça*; [*a quem o*] *erga*; *em quem o empregue*.

78

52-18; ms.

1. Var. sobrep.: [*há*] *que*.
2. Var. subp. para todo o verso: *Desfolha e desconhece*. Na margem esquerda, var. para os três últimos versos: *Breves no gozo desfolhamos/ Rosas. Mais breves, que nós, fingem legar/ A comparada vida.*

79

51-55; misto.

S. atrib.

1. Var. na margem direita da folha para todo o verso: *Antedeposto*.
2. Na margem inferior, há três versos variantes dos três últimos: *Ah, contra o adverso muito nada próprio/ E único vences, frustre. A vida é ínvia./ Abdica, e sê/ Rei de ti mesmo* [var. subp.: *Rei só de ti*].

80

51-56; ms.

1. A preposição *em* está entre parênteses.
2. Var. sobrep.: *Porém*.
3. Var. subp.: *por*.

81

51-56; ms.

1. Var. sobrep.: *creio*.
2. Var. na margem direita, para todo o verso: *Quer ou não a vejamos*.

82

51-57; misto.

O autor não recolhe os quartos versos das estrofes, apesar de se tratar de uma versão aparentemente acabada.

83

51-57; dat.

1. Var. a seguir, entre parênteses: *volta*.

84

Publicada na revista *presença*, nº 6, Coimbra, 18 de julho de 1927, p. 3, integrada num conjunto intitulado "Três odes". As outras duas são as que constam desta edição, com os nºˢ 70 e 72.

No testemunho 51-57, tem a data de maio de 1927.

85

51-54; ms.

1. Var. sobrep.: *lustrar, luzir*.
2. Palavra dubitada, com var. sobrep.: *sensual*.
3. Var. sobrep. para todo o verso: *Quasi todo o [sentido] a entendê-lo*.
4. Var. sobrep.: *extensa*.
5. Var. sobrep.: *alastra*; e na margem esquerda: *ondula*.
6. Palavra dubitada, com var. sobrep.: *abre*.
7. Var. subp.: *Pendura, Cora*.
8. Var. acima para todo o verso: *Que, procurando, achara o abismo em tudo*.

86

51-58; ms.

1. Var. sobrep.: *chego*.
2. Var. sobrep.: *fala*.
3. Var. sobrep.: *morrem*.

87

51-58; ms.

1. Var. sobrep.: *o luar ausente*.
2. Var. na margem direita para todo este verso e o seguinte: *Só para o vão segredo / Dito pela incerteza*.
3. O artigo *o* está dubitado, bem como os versos 9-12.

88

52-19; ms.

1. Var. sobrep. a *o que os outros*: *o verem*.
2. Var. sobrep. para todo o verso: *Os outros que eles gozam*.
3. Var. para *as vestes* – sobrep.: *o fausto*; subp.: *os trajos*.
4. Var. sobrep.: *nosso*.
5. Var. para *nos verem gozando* – sobreposta: *verem que gozamos*; subposta: *verem nosso gozo*.
6. Var. sobrep.: *para*.

89

52-19; ms.

1. Verso dubitado.
2. Var. sobrep. para todo o verso: *O inverno cresce com as folhas verdes*.
3. Var. para todo o verso – subp.: *E a tudo o esquecimento*; na margem esquerda: *Tudo será esquecido*.

90

60-11; ms.
S. atrib.

91

51-59; dat.

92

Publicada em *presença*, nº 10, Coimbra, 15 de março de 1928, p. 2.
A data de 25/1/1928 consta do testemunho 51-60.

93

51-62r.; misto.
20/2/1928.
1. Var. sobrep. para todo o verso: *Pesa o decreto atroz* [var. sobrep.: *igual*] *do fim certeiro* [var. sobrep.: *diverso*]; var. na margem esquerda para *Pesa*: *Pese*; var. sobrep. a *atroz* e *algoz*: *igual* e *juiz*; var. na margem direita para *do algoz ignoto*: *da ignota sorte* [var. sobrep.: *morte*].
2. Var. na margem superior da folha: *Em cada mortal* [var. sobrep.: *breve*] *corpo*,; var. para *néscia* – sobrep.: *viva*; e na margem esquerda: *íncia, serva.*
3. Var. a seguir, entre parênteses: *em eles.*
4. Var. na margem esquerda para *Breve* e *vão*: *Nada* e *só*; var. para *Breve* – na margem direita: *Scasso, curto*; e na margem inferior: *Oco*; var. subp. a *tempo*: *spaço.*
5. Ao lado deste verso: *bom caso a* [var. sobrep.: *em*] *todos.*
6. Var. na margem direita: *Leixai.*
7. Var. na margem esquerda: *Viver.*

94

51-62r.; misto.
1. O artigo *a* está dentro de um círculo feito a lápis.
2. Var. ao lado: *enleva.*
3. Var. sobrep.: *stelar, negra.*
4. A palavra *só* está envolta num círculo e remetida para o início do verso seguinte, que tem, na margem direita, uma variante: *Em que perdura* [var. sobrep.: *subsiste*] *de meu.*
5. Var. ao lado: *Só uma.*

95

51-62r.; ms.

96

51-62v.; ms.
1. Var. ao lado: *beber.*
2. Var. subp.: [*no*] *fundo* e *no gosto.*

187

97

60-24; ms.
S. atrib.

98

51-63; ms.
Todo o poema se encontra dubitado.

1. Var. para *não se reconhecem* – sobrep.: *nem se* [*reconhecem*]; subp.: *já se desconhecem.*

99

51-63; ms.

100

51-63; ms.

101

51-64; ms.

102

51-64; ms.

1. Os quatro últimos versos estão dubitados.

103

51-65; dat.

1. Var. sobrep.: *cabe.*
2. Var. sobrep.: *A sorte.*

104

51-65; dat.

1. Var. sobrep.: *nos.*

105

51-65; misto.

1. A palavra está entre parênteses.
2. Var. sobrep.: *com.*
3. Var. sobrep. a *no ar brando*: *a um ar bom.*
4. Var. sobrep. a *insciência sua*: *própria insciência.*

106

51-65; dat.
1. Var. sobrep.: *salvo*.

107

52-21; ms.
1. Var. sobrep. a *dá* e *à roda*: *sê* e *em torno*.
2. Var. subp. a *Da luz*: *Porém*.

108

51-66; ms.
1. Na margem direita da folha, dois versos variantes dos dois primeiros: *No passado, presente da lembrança/ Sinto-me como um sonho.*
2. Var. sobrep.: *os que*.

109

Publicada, em conjunto com a seguinte, em *presença*, n°s 31-2, Coimbra, março-junho de 1931, p. 10.

No testemunho manuscrito 51-67, as duas odes estão datadas de 13/6/1930.

110

Publicada, em conjunto com a anterior, em *presença*, n°s 31-2, Coimbra, março-junho de 1931, p. 10.

No testemunho manuscrito 51-67, as duas odes estão datadas de 13/6/1930.

111

51-68; dat.
1. A palavra está entre parênteses.
2. Var. subp. para os dois últimos versos: *Dado em declive deixo, e ínvito apresso / O moribundo passo.*

112

51-69; ms.
S. atrib.
1. Var. sobrep.: *recordo*.

113

51-69; ms.

S. atrib.

1. Var. sobrep.: *me.*
2. Var. subp. para todo o verso: *Chegou hoje à estalagem.*
3. Var. sobrep.: *exata.*

114

51-70; ms.

115

52-23; ms.

1. As estrofes 2 e 3 estão dubitadas.

116

51-73; misto.

1. O *a* final da palavra está dentro de um círculo, tendo ao lado, também dentro de um círculo, *e.*
2. Var. subp. a *é bastante: que mais quero?*; [*que mais*] *posso?*; var. subp. para todo o verso: *Cerro os olhos e sonho*; [*Cerro os olhos e*] *aprazo-me*; *Cerro olhos: não pergunto*; *E ao prazer* [var. subp.: *a te crer*] *me resigno.*

117

51-71; dat.

118

51-71 e 51-72; dat.

119

51-71; dat.

120

51-74; misto.

Trata-se de um conjunto assinalado no início com a indicação "DUAS ODES", seguindo-se esta e a que se transcreve com o nº 117.

121

51-74; misto.

Trata-se de um conjunto assinalado no início com a indicação "DUAS ODES", seguindo-se esta à que se transcreve com o nº 116.

122

51-75; ms.

123

51-76; dat.
S. atrib.
1. Var. subp. para os dois últimos versos: *O que me é dado quero/ Depois de dado, grato.*; *Nem quero mais que o dado / Ou que o tido desejo.*

124

52-29; ms.
1. Var. subp. a *que é o*: *o não teu*; var. na margem inferior para todo o verso: *É o que outro tiveres.*

125

51-78; dat.
S. atrib.
1. Var. subp. para os dois últimos versos: *Breve é a mágoa, / Que inda que dor, é vida.*

126

51-78; dat.
S. atrib.
O autor não recolhe alternadamente os versos, embora se trate de uma versão aparentemente acabada.

127

51-79; ms.

128

51-79; ms.

129

51-80; ms.
S. atrib.
1. O pronome *eu* está entre parênteses.

130

51-82; misto.
S. atrib.

O autor não recolhe os versos 4, 8 e 12, embora se trate de uma versão aparentemente acabada.

131

51-83; dat.

Há dois versos iniciais aparentemente rejeitados, já que o autor os retomou, a seguir, com uma pequena alteração, dando depois continuidade ao poema. Esses dois versos ("Lídia, ignoramos. Somos estrangeiros / Onde quer que estejamos") foram considerados como parte do poema pela edição pioneira da Ática.

Os versos não estão recolhidos.

132

51-84; ms.

133

52-24; ms.
1. Var. sobrep. a *que buscar*: [*que*] *há em* [*buscar*].
2. Var. sobrep.: *O desprazer*.
3. Var. sobrep.: *arrancadas*.

134

51-85; ms.
1. Verso dubitado.

135

51-86; dat.
S. atrib.
1. Var. a seguir, entre parênteses: [*outr*]*em*.

136

61A-16; ms.
S. atrib.

Atribuído a Fernando Pessoa e, como tal, incluído em *Poemas de Fernando Pessoa*, tomo IV – 1931-1933, edição crítica. vol. I, edição de Ivo de Castro. Lisboa: Imprensa Nacional-Casa da Moeda, 2004.

O autor não recolhe os versos.
1. Var. no cimo da página para o verso: *Com que a via tão próxima* [var. sobrep.: *perto*].

2. Vars. no cimo da página para o verso: *Que de perto a não via; Que o vê-la era senti-la.*

137

61A-16a: ms.

S. atrib.

Atribuído a Fernando Pessoa e, como tal, incluído em Poemas de Fernando Pessoa, tomo IV – 1931-1933, edição crítica. vol. I, edição de Ivo de Castro. Lisboa: Imprensa Nacional-Casa da Moeda, 2004. O autor começou por escrever a seguinte estrofe de quatro versos que se afigura como um ensaio ou uma primeira versão do que seria a estrofe inicial do poema: *Ignora e spera. Quantos, por saberem, / Perdem o sonho, e a sperança do sonho? / Quantos, porque souberam, / Porque souberam, / Não chegaram ao sonho de sperança.*

1. Vars. subps. a *hirtos: presos; teimosos.*
2. Var. sobrep. a *pobre: parvo.*
3. Vars. a *convinha*: subp.: *convenha*; ao lado: *esperava; esperara.*

138

52-25; ms.
1. Palavra dubitada.
2. Expressão dubitada, com var. sobrep.: *tenhamos.*

139

51-87; ms.
1. Palavra dubitada, com var. sobrep.: *lesa.*

140

51-88; dat.

O autor não recolhe os quartos versos das estrofes, apesar de se tratar de uma versão aparentemente acabada.
1. Var. sobrep.: *vistas.*

141

52-26; misto.
1. Var. a seguir, entre parênteses: *todo.*
2. Depois deste verso, há a indicação "var. da ult.", a que se seguem os versos: *Lídia, Lídia, quem somos? / Quem somos? Quem seremos?.*
3. Var. subp. para todo o verso: *Em o saber perdê-la.*

142

Publicada em *presença*, nº 37, Coimbra, fevereiro de 1933, p. 8.
No testemunho manuscrito 51-89, há a data de 14/2/1933.

143

51-81; dat.
O autor não recolhe o terceiro e o sexto versos, embora se trate
de uma versão passada a limpo.

144

51-81; dat.
O autor não recolhe alternadamente os versos, embora se trate
de uma versão passada a limpo.

145

51-81; dat.

146

51-91; dat.
S. atrib.
1. Var. subp., entre parênteses, para todo o verso: *Dia em que não
gozaste não foi teu.*

147

51-92; dat.
S. atrib.
O autor não recolhe os quartos versos das estrofes.
1. Var. a seguir, entre parênteses: *profuso.*
2. Var. a seguir, entre parênteses: [*exist*]*o.*
3. A palavra tem a seguir, entre parênteses, um ponto de interrogação.

148

51-93; ms.
1. Var. sobrep.: *tua.*

149

51-93; ms.

150

51-94; dat.

O autor não recolhe os últimos versos das estrofes, tendo deixado, na margem inferior, indicações para a, provavelmente, definitiva articulação das estrofes.

151

51-95; ms.
1. Var. sobrep.: *Lembra-me.*

152

52-27; ms.
1. Var. na margem direita para todo o verso: *Grinalda ou coroa.*
2. Var. na margem direita: *limpa.*
3. Var. na margem direita para todo o verso: *A fronte transtornam.*
4. Var. sobrep.: *Mexer.*
5. Var. subp.: *Refrescar-nos.*

153

51-96; ms.
A seguir à data, 13/12/1933, o autor acrescentou: *5 a.m.*

154

52-28; ms.

155

51-97; ms.

156

52-35; ms.
S.d.

157

52-35; ms.
S.d.
1. Var. sobrep.: *em.*

158

52-36; ms.
S.d.

159

52-34; ms.
S.d.
1. Var. subp.: *breve*.
2. Var. para *apressa* – sobrep.: *vem!*; subp.: *despe-te*; var. na margem inferior para todo o verso: *Ajamos. Teme e despe-te.*

160

51-100 r. e v.; misto.
S.d.
Esta ode consta do projeto de 1914 com o número XXVIII.
1. Var. subp.: *saber-lhe*.

161

51-100v.; misto.
S.d.
Trata-se da ode com o número XXX no projeto de 1914.
1. Var. a seguir, entre parênteses: *usamos*.
2. Var. a seguir, entre parênteses: *transitórias*.

162

52-33; ms.
S.d.
1. Var. sobrep. para os dois últimos versos: [*Por igual*] *a beleza eu apeteço / Seja onde for, beleza.*
2. Var. sobrep.: *ou não amo.*
3. Var. sobrep.: *quando se ama.*
4. A palavra inicial está dentro de um círculo; na margem superior, o autor retomou o verso anterior, acrescentando uma variante para este verso: [*Me é*] *postergada nisto.*
5. Verso dubitado.
6. O autor dubitou os três últimos versos, escrevendo a seguir três versos alternativos: *Também deram a flor pra que a colhêssemos / E com melhor amor talvez colhamos / O que pra ter colhemos* [var.: *O que pra usar buscamos*].

163

51-37; ms.
S.d.; s. atrib.

196   NOTAS

Ao lado, na margem direita, o autor escreveu uma versão alternativa que se transcreve no apêndice, p. 167.

1. Estrofe dubitada. Ao lado, o autor escreveu uma versão alternativa de todo o poema. Ver apêndice, p. 167.

164

51-8a; ms.
S.d.; s. atrib.
Trata-se de um texto de muito difícil leitura, porquanto escrito nas entrelinhas de outro poema (o nº 171). A leitura dos versos 6-12 é extremamente duvidosa.

1. Var. sobrep.: *unido.*

165

51-105; misto.
S.d.
No início, há a indicação datilografada: "ODE", e, no final, também datilografada, a referência geográfica, posteriormente riscada, *Le Havre.*
Igualmente no início, há um acréscimo a lápis, *Livro I,* o que faz supor que o autor terá encarado a hipótese de incluir esta ode no conjunto publicado em *Athena.*

1. Var. subp.: *deuses.*

166

52-39; ms.
S.d.

167

52-2v.; ms.
S.d.

168

52-41a e 41; ms.
S.d.

1. No início do testemunho 52-41, há dois versos variantes deste e do anterior: *Tenha de entre nós fugido, e só nos dure/ Como um ouropel falso sobreposto a nós,* deixando perceber que o autor os terá escrito em primeiro lugar, tendo depois feito um traço horizontal, a seguir ao qual retomou o poema.

169

52-24v.; ms.
S.d.

170

51-102; misto.
S.d.; s. atrib.
1. Ao lado, entre parênteses, os verbos *sair* e *nascer*, prováveis variantes para *viver*.
2. Var. subp. para todo o verso: *Com o real em baixo.*

171

51-79v.; ms.
S.d.

172

Poema atribuído a Álvaro de Campos pela edição da Ática de 1945, atribuição posteriormente contestada por vários estudiosos da obra pessoana, tendo sido incluído no *Texto crítico das odes de Fernando Pessoa-Ricardo Reis*, em 1988, por Silva Bélkior e, mais recentemente (1994), na edição crítica dos *Poemas* de Ricardo Reis, da responsabilidade de Luís Fagundes Duarte.

173

51-103; ms.
S.d.; s. atrib.

174

51-49v.; ms.
S.d.; s. atrib.

175

55J-37v.; ms.
S.d.; s. atrib.
1. Var. sobrep. a *desejo: prazer*; var. para *desejo nosso: mortal desejo.*
2. Opta-se pela última var. subp. (a outra é: *o que acontece*), dado que a primeira redação é, em parte, ilegível.
3. Verso dubitado, com duas var. subp. de difícil leitura: *Como a água da nossa mortal vida; Como a água da vida. Ah,* [.]; [*Como*] *uma água que parece vinho!*

4. Var. sobrep.: *somos todos.*
5. Var. sobrep.: *erguida.*
6. Var. a seguir: *espelhe.*
7. Var. subp.: *falta.*

176

51-106; misto.

S.d.

No início, tal como acontece com o poema nº 159, há a indicação datilografada: "ODE" e, no final, também datilografada, a referência geográfica, posteriormente riscada, *Le Havre.*

Igualmente no início, há um acréscimo a lápis, *Livro I*, o que faz supor que o autor terá encarado a hipótese de incluir esta ode no conjunto publicado em *Athena.*

177

51-8a; ms.

S.d.; s. atrib.

APÊNDICE
A. POEMAS LACUNARES E FRAGMENTOS

178

52-2; ms.

Trata-se da ode número XXVII do projeto de 1914.

179

52-7r. e v.; ms.

A data é conjecturada a partir de 52-6.

No topo da folha existe a indicação 2.

1. Estrofe dubitada.
2. Var. subp.: *fim.*
3. Var. sobrep.: *vida.*

180

52-12r.; ms.

181

52-12v.; ms.

A data é conjecturada a partir do poema anterior, escrito no reto da mesma folha.

1. Var. sobrep.: *afasto*.

182

52-31v.; ms.

1. Var. sobrep.: *se*.
2. Var. sobrep. para todo o verso: *Operoso a não vives?*

183

51-101b; ms.
S.d.; s. atrib.

184

52-18; ms.

185

51-56; ms.
A data e a atribuição a Ricardo Reis são conjecturadas a partir do poema nº 77, escrito na mesma folha.

1. Var. sobrep.: [*ou*] *na* [*ampulheta*] *a areia*.

186

51-56; ms.
A data e a atribuição a Ricardo Reis são conjecturadas a partir do poema nº 77, escrito na mesma folha.

1. Var. sobrep.: *Caso*.
2. Var. na margem esquerda para todo o verso: *Alguém recolhe ao copo*.

187

52-6v.; ms.
A data é conjecturada a partir do poema nº 40, escrito na mesma folha.

188

51-101; ms.
S.d.; s. atrib.

1. Var. subp. e dubitadas para *sobre a Esperança*: *d'uma aurora!*; *sobre Impossível*.

189

51-101b; ms.
S.d.; s. atrib.
1. Palavra dubitada.

190

51-34a; ms.
S.d.; s. atrib.
1. Var. para *sabido* – subp.: *que sabemos*; sobrep.: *sem esperança.*

191

52-30; ms.
S.d.

192

74-16; ms.
S.d.

193

52-32; ms.
S.d.

194

51-103v.; ms.
S. atrib.

B. ODES E POEMAS VARIANTES

Ia

52-9; dat.
O texto foi posteriormente alterado à mão, dando origem a uma nova versão mais curta, Ib.

Ib

52-9; misto.
1. Var. ao lado: [*Por quem*] *os fiz pensados.*
2. Var. a seguir, entre parênteses: *factor.*
3. Var. ao lado: *eu próprio serei todo.*
4. Var. ao lado para todo o verso: *Menos que essas palavras.*

5. Var. ao lado para todo o verso: *Será mais eu que a mente* [var. subp.: *eu mesmo*].

6. Var. a seguir, entre parênteses: *matamos*; var. subp. para todo o verso: *Morre a obra a vida nossa.*

7. Var. sobrep. para todo o verso: *Durar, sentir só com os deuses unem-se.*

8. Var. sobrep.: [*Assim o Fado*] *rege que assim* [*rejam*].

IIIa

51-20; dat.

Esta ode consta da terceira versão do projeto de 1914 (48G-21) com o número XIX.

1. Os versos 12-14 estão dubitados.

IVa

51-14v.; ms.

A ode consta do projeto de 1914 com o número XXXII.

1. Var. sobrep.: *sobre as coisas.*

2. Var. sobrep.: [*um*]*a arte.*

3. Var. sobrep.: *escorrer.*

VIa

51-19; misto.

1. Var. a seguir, entre parênteses: *antigas.*

IXa

51-3; misto.

S.d.

Tem a indicação de "ODE".

IXb

51-10; dat.

Em 51-10, a ode tem o número III, mas é a XIa no projeto de 1914.

XIIa

51-40; misto.

No final, surgem manuscritos alguns versos da versão definitiva publicada em *Athena.*

1. Var. sobrep.: *eu quero.*

2. Palavra dubitada.

3. Var. subp. para todo o verso: *O que não dou buscando.*
4. O autor escreveu entre parênteses: *Monótona.*

XIII a

51-51; dat.
A ode consta do projeto de 1914 com o número XXXIX.
1. Var. a seguir, entre parênteses: *a vida.*

XIII b

51-50; dat.
S. atrib.
1. Var. na margem direita, entre parênteses: *Como quem brinca.*

XIII c

52-44; ms.
S.d.
1. Var. sobrep.: *stá aqui.*
2. Var. subp. para os dois últimos versos da estrofe: *Só o fugaz presente / Enquanto dura existe.*
3. Var. sobrep.: *Sem olhar além d'alma.*

XV a

51-45; ms.
1. Var. subp.: *das.*

XVI a

51-17v.; dat.
1. O artigo o está entre parênteses.

XVII a

51-37; ms.
1. Var. sobrep.: *edificar.*
2. Var. sobrep.: *figuras.*
3. Var. sobrep.: *Tu não és.*
4. Var. subp. para os dois últimos versos: *A que prevês seguinte / Quem sabe se* [a seguir: *Não gozes na que gozas.*].
5. Var. sobrep. a *não te a* [*Sorte*]: *a muda* [*Sorte*].

203

XX a

51-8a; ms.

A data é indicada no projeto de 1914, no qual esta ode figura com o número XVIII.

Existe outra versão inacabada desta ode em 51-6v., igualmente manuscrita e sem data, XXb.

1. Var. sobrep.: *Teus infecundos.*
2. Var. sobrep. a *a que aquecer-te*: *que te aqueça.*
3. Var. sobrep. a *ao colo*: *aos ombros.*
4. Var. sobrep.: *contínuo.*

XX b

51-6v.; ms.

S.d.

1. Var. sobrep. a *sorrisos* e *antiga*: *enfeites* e *amiga*; var. subp. para o verso: [*E*] *serão mais altos os peitos de Ceres.*

3 a

51-1v.; ms.

1. Entre esta estrofe e a seguinte, há dois versos lacunares: *Então Hiperion vem* / *Chorar o* □.

12 a

51-6v.; ms.

S.d.

1. Escritos ao lado, há dois versos variantes dos dois últimos: *Abdica e sê* / *Rei de ti-próprio.*

29 a

51-14; ms.

A data consta de 51-14v., testemunho da ode IVa.

1. Var. sobrep. a *ventos*: *sopros.*
2. Var. sobrep. a *lento*: *calmo.*
3. Var. para toda a estrofe, ao lado: *Segundo calmas* [var. sobrep.*: frias*] *leis Júpiter troa* / *Em certas noites aparece Diana* / *E as leis por que aparece* / *Dão-lhe a divina calma.*
4. Var. sobrep. para o verso: [*São apenas a*] *calma que eles têm.*
5. Var. sobrep. para o verso: [*São*] *a vida que querem.*

38a

51-30; dat.

38b

51-31; misto.

1. O autor escreveu: *od(e)io*.
2. Var. a seguir, entre parênteses: *parceiras*.

39a

51-32r.; dat.
S.d.

1. O nome está abreviado: *L.*

63a

52-13; ms.

65a

52-14v.; ms.

1. Var. na margem direita para este verso e os dois seguintes: *Que sabemos que morre. Sim, morre / Antes que os próprios corpos / Que no amor empregamos,* □.
2. Var. na margem inferior para todo o verso: *Com tal fúria nessa hora nos amemos* [var. sobrep.: *usemos*].
3. Var. para todo o verso, na margem inferior: *Que splenda como vida* e *Que na memória splenda*; e na margem direita: *Que arda sua lembrança.*
4. Var. na margem inferior para todo o verso: *Pela memória, e nos beijemos, Cloe,* e *Como se for a vida, e nos beijemos, Cloe,*; na margem direita: *Como vida, e nos beijemos, Cloe.*
5. Var. subp.: *outro, findo, morto.*

163a

51-37; ms.
S.d.; s. atrib.

ÍNDICE DOS PRIMEIROS VERSOS

A abelha que, voando, freme sobre (*61*), 79

A cada qual, como a statura, é dada (*103*), 101

A flor que és, não a que dás, desejo. [*Ad juvenem rosam offerentem*] (*XIIa*), 154

A flor que és, não a que dás, eu quero. (*XII*), 18

A folha insciente, antes que própria morra (*65a*), 166

A inconstância dos deuses nos compele (*187*), 146

A mão invisível do vento roça por cima das ervas. [*À la manière de A. Caeiro*] (*50*), 72

A nada imploram tuas mãos já coisas, (*84*), 91

A palidez do dia é levemente dourada. (*11*), 37

A vida é triste. O céu é sempre o mesmo. A hora (*188*), 146

Acima da verdade estão os deuses (*28*), 52

Aguardo, equânime, o que não conheço – (*153*), 124

Amo o que vejo porque deixarei (*154*), 124

Anjos ou deuses, sempre nós tivemos, (*27*), 51

Antes de nós nos mesmos arvoredos (*26*), 50

Antes de ti era a Mãe Terra scrava (*179*), 141

Ao longe os montes têm neve ao sol, (*7*), 34

Aqui, dizeis, na cova a que me abeiro, (*86*), 92

Aqui, Neera, longe (*19*), 44

Aqui, neste misérrimo desterro (*149*), 122

Aqui, sem outro Apolo do que Apolo, (*23*), 48

As rosas amo dos jardins de Adônis, (*II*), 13

Atrás não torna, nem, como Orfeu, volve (*83*), 90

Azuis os montes que estão longe param. (*130*), 112

Bocas roxas de vinho, (*31*), 54

Breve o dia, breve o ano, breve tudo. (*125*), 110

Breve o inverno virá com sua branca (*15*), 40

Cada coisa a seu tempo tem seu tempo. (*16*), 41

Cada dia sem gozo não foi teu: (*146*), 120

Cada momento que a um prazer não voto (156), 125
Cada um cumpre o destino que lhe cumpre, (55), 75
Cada um é um mundo; e como em cada fonte (157), 126
Cantos, risos e flores alumiem (158), 126
Cedo vem sempre, Cloe, o inverno, e a dor. (44), 67
Com que vida encherei os poucos breves (71), 84
Como este infante que alourado dorme (159), 126
Como se cada beijo (V), 15
Concentra-te, e serás sereno e forte; (97), 98
Coroa ou tiara (152), 123
Coroai-me de rosas, (IX), 17
Coroai-me de rosas! (IXa), 153
Coroai-me de rosas. (IXb), 154
Crer é errar. Não crer de nada serve. (184), 145
Cuidas tu, louro Flaco, que apertando (XXa), 159
Cuidas tu, louro Flaco, que cansando [In Flaccum] (XXb), 160
Cuidas, ínvio, que cumpres, apertando (XX), 23
Cumpre a lei, seja vil ou vil tu sejas. (48), 70
Da lâmpada noturna (20), 45
Da nossa semelhança com os deuses (17), 42
De Apolo o carro rodou pra fora (4), 31
De novo traz as aparentes novas (XIV), 19
De uma só vez recolhe (64), 80
Débil no vício, débil na virtude (115), 106
Deixa passar o vento (37), 62
Deixemos, Lídia, a ciência que não põe (160), 127
Dia após dia a mesma vida é a mesma. (62), 79
Diana através dos ramos (10), 36
Do que quero renego, se o querê-lo (123), 109
Doce é o fruto à vista, e à boca amaro, (95), 97
Dois é o prazer: gozar e o gozá-lo. (96), 97
Domina ou cala. Não te percas, dando (126), 111
E quanto sei do Universo é que ele (189), 147
É tão suave a fuga deste dia, (161), 129
Em Ceres anoitece. (25), 49
Em vão procuro o bem que me negaram. (52), 73

Enquanto eu vir o sol doirar as folhas (*85*), 91

Estás só. Ninguém o sabe. Cala e finge. (*148*), 121

Este, seu escasso campo ora lavrando, (*XVa*), 157

Este, seu scasso campo ora lavrando, (*XV*), 20

Eu nunca fui dos que a um sexo o outro (*162*), 130

Feliz aquele a quem a vida grata (*36*), 61

Felizes, cujos corpos sob as árvores (*34*), 60

Flor que colho, ou que deixo, (*163a*), 167

Flores amo, não busco. Se aparecem (*133*), 114

Flores que colho, ou deixo, (*163*), 131

Floresce em ti, ó magna terra, em cores (*89*), 94

Folha após folha nem caem, [*De amore suo*] (*65*), 81

Frutos, dão-os as árvores que vivem, (*79*), 88

Gozo sonhado é gozo, ainda que em sonho. (*80*), 89

Hora a hora não dura a face antiga (*68*), 82

Ignora e spera! Quantos, por saberem, (*137*), 116

Inglória é a vida, e inglório o conhecê-la. (*98*), 98

Ininterrupto e fluido guia o teu curso (*164*), 131

Já a beleza vejo com a mente (*136*), 115

Já sobre a fronte vã se me acinzenta (*75*), 86

Lenta, descansa a onda que a maré deixa. (*87*), 92

Lídia, ignoramos. Somos estrangeiros (*131*), 113

Manhã que raias sem olhar a mim, (*43*), 67

Mas dia a dia (*47*), 70

Melhor destino que o de conhecer-se (*X*), 17

Mestre, são plácidas (*1*), 27

Meu gesto que destrue (*165*), 132

Na fuga inútil dos penosos dias (*46*), 69

Nada fica de nada. Nada somos. (*140*), 117

Nada me dizem vossos deuses mortos (*181*), 143

Não a ti, Cristo, odeio ou menos prezo (*38a*), 163

Não a ti, Cristo, odeio ou te não quero. (*38*), 63

Não a ti, mas aos teus, odeio, Cristo. (*38b*), 164

Não batas palmas diante da beleza. (*29*), 52

Não batas palmas diante da beleza. (*29a*), 162

Não canto a noite porque no meu canto (*59*), 78

Não como ante donzela ou mulher viva (*24*), 48
Não consentem os deuses mais que a vida. (*IV*), 14
Não consentem os deuses mais que a vida. (*IVa*), 152
Não inquiro do anônimo futuro (*67*), 82
Não mais pensada que a dos mudos brutos (*166*), 132
Não morreram, Neera, os velhos deuses. (*167*), 132
Não perscrutes o anônimo futuro, (*72*), 84
Não porque os deuses findaram, alva Lídia, choro... (*168*), 133
Não pra mim mas pra ti teço as grinaldas (*XVIa*), 158
Não queiras, Lídia, construir no spaço (*XVIIa*), 158
Não queiras, Lídia, edificar no spaço (*XVII*), 21
Não quero a glória, que comigo a têm (*53*), 74
Não quero as oferendas (*57*), 76
Não quero recordar nem conhecer-me. (*60*), 78
Não quero, Cloe, teu amor, que oprime (*119*), 108
Não sei de quem memoro meu passado (*112*), 105
Não sei se é amor que tens, ou amor que finges, (*116*), 107
Não sem lei, mas segundo ignota lei (*41*), 65
Não só quem nos odeia ou nos inveja (*118*), 107
Não só vinho, mas nele o olvido, deito (*74*), 86
Não tenhas nada nas mãos (*12*), 37
Não tenhas nada nas mãos (*12a*), 161
Não torna ao ramo a folha que o deixou, (*77*), 87
Não torna atrás a negregada prole (*69*), 83
Neera, passeemos juntos (*6*), 33
Negue-me tudo a sorte, menos vê-la, (*106*), 102
Nem da erva humilde se o Destino esquece. (*104*), 101
Nem destino sabido (*190*), 147
Nem relógio parado, nem a falta (*185*), 146
Nem vã sperança nem, não menos vã, (*78*), 88
Neste dia em que os campos são de Apolo (*22*), 47
Ninguém a outro ama, senão que ama (*135*), 115
Ninguém, na vasta selva religiosa (*128*), 112
No breve número de doze meses (*111*), 104
No ciclo eterno das mudáveis coisas (*73*), 85
No grande espaço de não haver nada (*169*), 133

209

No magno dia até os sons são claros. (*170*), 135

No momento em que vamos pelos prados (*45*), 68

No mundo, só comigo, me deixaram (*121*), 109

Nos altos ramos de árvores frondosas (*99*), 99

Nós ao igual destino (*191*), 147

Nunca a alheia vontade, inda que grata, (*120*), 108

O acaso, sombra que projeta o Fado, (*186*), 146

O anel dado ao mendigo é injúria, e a sorte (*100*), 99

O deus Pã não morreu, (*2*), 29

O mar jaz. Gemem em segredo os ventos (*IIIa*), 151

O mar jaz; gemem em segredo os ventos (*III*), 14

O merecer e o receber não têm (*70*), 83

O que sentimos, não o que é sentido, (*114*), 106

O rastro breve que das ervas moles (*92*), 95

O relógio de sol partido marca (*81*), 89

O ritmo antigo que há em pés descalços, (*VI*), 15

O ritmo antigo que há nos pés descalços (*VIa*), 152

O sono é bom pois despertamos dele (*91*), 95

Olho os campos, Neera, (*XIII*), 19

Olho os campos, Neera, (*XIIIa*), 155

Olho os campos, Neera, (*XIIIb*), 156

Olho os campos, Neera (*XIIIc*), 156

Os deuses desterrados (*3a*), 160

Os deuses desterrados, (*3*), 30

Os deuses e os Messias que são deuses (*122*), 109

Outros com liras ou com harpas narram, (*171*), 134

Ouvi dizer que outrora, quando a Pérsia [Os jogadores de xadrez] (*32*), 55

Para os deuses as coisas são mais coisas. (*183*), 145

Para quê complicar inutilmente, (*138*), 116

Para ser grande, sê inteiro: nada (*142*), 118

Passando a vida em ver passar a de outros, (*178*), 141

Pequena vida consciente (*63a*), 165

Pequena vida consciente, sempre (*63*), 80

Pequeno é o espaço que de nós separa (*54*), 74

Pesa a sentença atroz do algoz ignoto (*93*), 96

Pobres de nós que perdemos quanto (*9*), 35

210 ÍNDICE DOS PRIMEIROS VERSOS

Pois que nada que dure, ou que, durando, (147), 121
Ponho na altiva mente o fixo esforço (VII), 16
Prazer, mas devagar, (XIX), 22
Prefiro rosas, meu amor, à pátria, (33), 59
Quando, Lídia, vier o nosso outono (109), 103
Quanta tristeza e amargura afoga (76), 87
Quanto faças, supremamente faze. (143), 119
Quantos gozam o gozo de gozar (88), 93
Quão breve tempo é a mais longa vida (VIII), 16
Quatro vezes mudou a estação falsa (172), 138
Que mais que um ludo ou jogo é a extensa vida, (141), 118
Quem diz ao dia, Dura! e à treva, Acaba! (105), 102
Quem és, não o serás, que o tempo e a sorte (124), 110
Quem fui é externo a mim. Se lembro, vejo; (113), 105
Quer com amor, que sem amor, senesces. (192), 147
Quer pouco: terás tudo. (117), 107
Quero dos deuses só que me não lembrem. (173), 135
Quero ignorado, e calmo (145), 120
Quero versos que sejam como joias (56), 76
Quero, da vida, só não conhecê-la. (180), 142
Quero, Neera, que os teus lábios laves (14), 39
Rasteja mole pelos campos ermos (144), 119
Sábio é o que se contenta com o espetáculo do mundo, (13), 38
Saudoso já deste verão que vejo, (XVIII), 22
Se a cada coisa que há um deus compete, (129), 112
Se em verdade não sabes (nem sustentas (182), 144
Se hás de ser o que choras (174), 135
Sê lanterna, dá luz com vidro à roda. (107), 102
Sê o dono de ti (40), 64
Se recordo quem fui, outrem me vejo, (108), 103
Segue o teu destino, (35), 60
Seguro assento na coluna firme (I), 13
Seguro assento na coluna firme (Ia), 149
Seguro assento na coluna firme (Ib), 150
Sem clepsidra ou sem relógio o tempo escorre (175), 135
Sempre me leve o breve tempo flui. (193), 148

Ser feliz é um jugo, o ser grande (194), 148
Sereno aguarda o fim que pouco tarda. (134), 114
Severo narro. Quanto sinto penso. (132), 114
Só esta liberdade nos concedem (18), 43
Só o ter flores pela vista fora (8), 34
Sob a leve tutela (176), 136
Sob estas árvores ou aquelas árvores (177), 137
Sofro, Lídia, do medo do destino. (39), 63
Sofro, Lídia, do medo do destino. (39a), 165
Solene passa sobre a fértil terra (82), 90
Súdito inútil de astros dominantes, (151), 123
Tão cedo passa tudo quanto passa! (66), 81
Tarda o verão. No campo tributário (102), 100
Temo, Lídia, o destino. Nada é certo. (XI), 18
Tênue, como se de Eolo a esquecessem, (110), 104
Tirem-me os deuses (30), 54
Toda visão da crença se acompanha, (90), 94
Tornar-te-ás só quem tu sempre foste. (51), 73
Tuas, não minhas, teço estas grinaldas, (XVI), 21
Tudo que cessa é morte, e a morte é nossa (101), 100
Tudo, desde ermos astros afastados (127), 111
Um verso repete (49), 71
Uma após uma as ondas apressadas (42), 66
Uns, com os olhos postos no passado, (150), 122
Vem sentar-te comigo, Lídia, à beira do rio. (5), 32
Vive sem horas. Quanto mede pesa, (139), 117
Vivem em nós inúmeros; (155), 125
Vós que, crentes em Cristos e Marias, (21), 46
Vossa formosa juventude leda, (58), 77
Vou dormir, dormir, dormir, (94), 96

65.71

p. 77-78

SOBRE ESTA EDIÇÃO

MANUELA PARREIRA DA SILVA

Abomino a mentira, porque é uma inexatidão.
Ricardo Reis, segundo Álvaro de Campos
(*Notas para a Recordação do meu mestre Caeiro*)

Uma nova edição da *Poesia* de Ricardo Reis pressupõe uma reavaliação do corpus poético ricardiano.

De fato, se excetuarmos as 28 odes publicadas em vida de Fernando Pessoa (vinte no nº 1 de *Athena* e oito dispersas por diferentes números de *presença*), os textos que constituem a primeira edição póstuma, da responsabilidade de Luís de Montalvor (Ática, 1946), bem como as suas inúmeras reimpressões até os nossos dias, escapando obviamente às malhas corretoras e seletivas do autor, apresentam inevitáveis erros de leitura e de transcrição (alguns, por demais evidentes, foram sendo corrigidos) e algumas incongruências. E digo *inevitáveis*, porque os textos foram transcritos pelos tipógrafos diretamente dos originais pessoanos – nem sempre passados a limpo, e por vezes mesmo manuscritos –, o que tornou certamente muito difícil, em muitos casos, quer a leitura de alguns versos ou palavras, quer a determinação das variantes e da articulação das estrofes.

Posteriores edições, como as edições críticas de Silva Bélkior (1988) e, nomeadamente, a mais recente, de Luís Fagundes Duarte (1994), não só extirparam alguns dos erros imputáveis aos editores da Ática, propondo novas leituras e articulações, como deram a conhecer um conjunto apreciável de odes e poemas inéditos, fruto de uma aturada pesquisa no espólio de Fernando Pessoa da Biblioteca Nacional de Lisboa. Persistem, no entanto, a meu ver, algumas perplexidades, sobretudo em relação à fixação dos textos manuscritos, alguns, com efeito, de dificílima decifração.

É, pois, em parte, como modesta tentativa de aperfeiçoamento desse longo trabalho já realizado (sem o qual me teria sido praticamente impossível concretizar este) e de conseguimento de uma maior aproximação da "verdade" do texto de Ricardo Reis, que esta edição surge.

Aliás, qualquer edição criteriosa e rigorosa da obra de Fernando Pessoa não pode deixar de se assumir como não definitiva. O rigor reside, precisamente, não só em aceitar a sua natureza fragmentária e incompleta, como em deixar-se conduzir pela própria flutuação textual, resistente a uma fixação clara e cabal, que não fique, portanto, sujeita a hesitações, a dúvidas, ou não seja passível de alterações.

No caso concreto de Ricardo Reis, excetuando os ainda assim numerosos poemas que nos deixou datilografados, grande parte do material disponível ficou inacabada, não tendo Pessoa optado por esta ou aquela palavra, por este ou aquele verso, ou até por esta ou aquela versão integral de determinada ode (não tendo, mesmo em textos aparentemente passados a limpo, cuidado da apresentação gráfica conforme as regras clássicas), o que obriga a uma sempre discutível intervenção do editor, e diferente de editor para editor.

Assim, qualquer investigador responsável pela fixação do texto e organização de um volume de poesia de Fernando Pessoa/ Ricardo Reis não pode deixar de estar consciente da precariedade e incompletude do seu trabalho, e de receber, de bom grado, todos os contributos que o tornem menos incompleto – sendo que ele é ou deve ser, no fundo, um trabalho coletivo –, quer no nível da transcrição correta da vontade do poeta, quer no nível da determinação do corpus. Com efeito, a impossibilidade de apor ao volume o título de *Poesia completa* de Ricardo Reis torna-se, por assim dizer, uma obrigação. A prova disso é que, ao percorrer-se o espólio pessoano, sempre se corre o "risco" de encontrar novos inéditos, escondidos ou disfarçados no canto de um papel qualquer.

Por tudo isso, conclui-se que o rigor de uma edição pessoana tem de passar, naturalmente, por uma cuidadosa consulta dos documentos existentes no espólio e por um confronto com os resultados obtidos pelas edições precedentes. Mas também pela preocupação de não escamotear as peculiaridades do texto, de informar o leitor sobre as suas ocorrências, no sentido em que se pode dizer que o texto autógrafo pessoano *acontece*, vai acontecendo perante o nosso olhar, que quase assiste à sua gênese e raramente presencia o seu remate. É, de resto, para cumprir essa exigência que se optou, nesta edição da poesia de Ricardo Reis, por incluir em notas todas as virtualidades que o texto encerra, de modo que o leitor possa percepcionar *todo* o poema, isto é, o poema no seu corpo já feito

216 SOBRE ESTA EDIÇÃO

ou "a fazer", e de modo que possa ele também, leitor, colaborar, participar, à sua maneira, na sua construção.

Por vezes, contudo, o leitor será confrontado não apenas com poemas com variantes, mas com duas ou mais versões variantes integrais de um mesmo poema. Do ponto de vista do editor, coloca-se o problema de decidir se se trata, realmente, de duas versões ou se, pelo contrário, se trata de poemas autônomos. Foi levantada a questão, nomeadamente para a ode I, "Seguro assento na coluna firme" (publicada na revista *Athena*, em 1924), de que existem duas versões (ver apêndice, pp. 149-50). Em relação a duas delas, Maria Fernanda de Abreu, ao fazer o levantamento daquilo que os dois textos *têm em comum* e *não têm em comum*, interroga-se justamente sobre as diferentes atitudes assumidas pelos sujeitos da enunciação das duas chamadas versões, surgindo o da versão mais recente (a publicada por Pessoa) como alguém que *sabe* disciplinar as emoções que o da versão mais antiga deixa à solta.[1]

A questão levantada não fica, no entanto, resolvida. De resto, se pensarmos globalmente a obra de Pessoa, verificamos que as variantes, isto é, as alterações que o poeta encara para esta ou aquela palavra ou frase, não raras vezes contradizem a primeira redação. As odes publicadas pelo próprio autor foram, sem dúvida, sujeitas a uma meticulosa e demorada filtragem. No caso da ode I, por exemplo, as versões Ia e Ib, que foram escritas na mesma folha de papel, trazem a data de 29/1/1921, enquanto a "versão" definitiva foi impressa três anos mais tarde. Outras existem, porém, em que o tempo que medeia entre a sua criação primeira e a publicação em revista é significativamente maior, não sendo, pois, de estranhar uma ou outra mudança de atitude poética ou uma inflexão no caminho primitivo. É o caso de algumas odes previstas num projeto de 1914 (testemunhos 48G-20 e 21) cujos primeiros versos, seguidos das datas, correspondem aos de odes que viriam a ser completadas/publicadas dez anos depois – a ode III do *Livro primeiro*, que tem uma primeira redação mais longa em 6/10/1914; ou a ode VI, que tem igualmente uma primeira redação muito menos condensada em 9/8/1914, conforme se pode ver pelos testemunhos 51-20 e 51-19, respectivamente.

MANUELA PARREIRA DA SILVA 217

Desse modo, considerei como variantes todas as que, tendo o mesmo incipit, ou um número razoável de versos repetidos, se apresentam como fases intermédias de um longo processo de maturação, nem sempre concluído, à semelhança do que se pode detectar no processo de elaboração de poemas com uma única versão. Na mesma linha de pensamento, se poderão considerar os fragmentos apresentados no apêndice. Trata-se, às vezes, de uma única frase que surge isolada, por assim dizer descontextualizada, mas que não custa a crer que poderia vir a ser recontextualizada, fazendo parte de um poema ainda por nascer. Esta é, aliás, uma prática comum em Fernando Pessoa – "guardar" fragmentos para um reemprego futuro, ou até utilizá-los em diferentes poemas. É frequente encontrar, na presente edição de Ricardo Reis, exemplos dessa reutilização: o verso "Assim choram os deuses", por exemplo, termina as odes nº 3 e nº 10; no texto nº 134, encontramos um eco de um conhecido poema de *Mensagem*, "cadáveres adiados que procriam".

Se a decifração dos manuscritos ricardianos, em primeiro lugar, e a resolução de problemas de articulação estrófica ou de versões se afiguram como duas grandes dificuldades encontradas na edição deste volume, a verdade é que a determinação do cânone de Ricardo Reis passa igualmente pela decisão quanto à atribuição dos poemas a esse heterônimo.

Como acontece, de resto, com a poesia dos outros heterônimos, nem sempre a atribuição a Ricardo Reis é tornada expressa por Pessoa. Na maior parte dos casos, Pessoa escreve o nome, por extenso ou abreviado, do *autor* em causa, ou utiliza, no caso de Reis, um carimbo na margem superior ou inferior da folha onde o texto está escrito (o que me leva a considerá-lo efetivamente da sua *autoria*). Mas, nos outros casos, perante a ausência de qualquer forma de atribuição, cabe ao editor do texto a necessária decisão.

Parece, aparentemente, fácil essa decisão, se atendermos a que Ricardo Reis é considerado o heterônimo cujo estilo apresenta características mais definidas, quer do ponto de vista formal – ausência de rima, uso de arcaísmos e latinismos, sintaxe latinizante, rígido esquema métrico –, quer do ponto de vista temático e filosófico – atitude de indiferença perante a transitoriedade e efemeridade da vida, disciplina estoico-epicurista, culto dos deuses, "objetivismo absoluto" que partilha com Caeiro. No entanto, algumas dúvidas continuam a levantar-se relativamente a outros poemas atribuíveis, ainda que sob algumas reservas, a Reis e incluídos em edições anteriores. Refiro-me, por exemplo, ao poema que a seguir se transcreve:

Os deuses são felizes.
Vivem a vida calma das raízes.
Seus desejos o Fado não oprime,
Ou, oprimindo, redime
Com a vida imortal
Não há sombras ou outros que os contristem.
E, além disso, não existem...

Esse poema integrou a tradição ortônima, sendo como tal publicado em 1956 no volume *Poesias inéditas (1919-1930)* pelas Edições Ática. Posteriormente, Silva Bélkior considerou-o atribuível a Ricardo Reis, tendo antes dele Maria Helena da Rocha Pereira aduzido razões em favor dessa opinião, encarando a possibilidade do uso ocasional da rima por Reis (o que pode inclusive ser constatado na presente edição, pela leitura, por exemplo, dos textos n°s 90 e 143) e afigurando-se-lhe a negação dos deuses pagãos como uma provável contradição, tão característica em Fernando Pessoa.[2]

De qualquer modo, se é certo que Pessoa se contradiz, voluntária e involuntariamente, ao longo da sua vasta obra, também é certo que falamos aqui de um dos seus heterônimos, cuja coerência interna é inúmeras vezes sublinhada pelos exegetas pessoanos. Cito, a título de exemplo, Georg Rudolf Lind, que chama a atenção para a "correspondência total entre a doutrina classicista e a composição poética das odes".[3] O próprio Fernando Pessoa nos fala do seu heterônimo e na "sua crença verdadeira e real na existência das divindades pagãs",[4] fazendo-o escrever, em textos em prosa, frases como estas:

MANUELA PARREIRA DA SILVA 219

Falo n'estas cousas seguramente porque nasci acreditando nos deuses, criei-me n'essa crença, e, querendo elles, n'essa crença morrerei.[5]

Pessoalmente creio na existência dos deuses; creio no seu número infinito, na possibilidade do homem ascender a deus.[6]

Essas considerações estão, de resto, perfeitamente de acordo com o papel que Pessoa destina a Reis no seu universo dramático, o de "evangelista" da nova religião que seria o neopaganismo português.

Penso, por isso, que a reserva relativamente à atribuição do referido poema a Ricardo Reis deve, no mínimo, subsistir.

Do mesmo modo, a inclusão desta outra composição – também tradicionalmente considerada ortônima –

Se já não torna a eterna primavera
Que em sonhos conheci,
O que é que o exausto coração espera
Do que não tem em si?
Se não há mais florir de árvores feitas
Só de alguém as sonhar,
Que coisas quer o coração perfeitas,
Quando, e em que lugar?

Não: contentemo-nos com ter a aragem
Que, porque existe, vem
Passar a mão sobre o alto da folhagem,
E assim nos faz um bem.

no corpus ricardiano não me parece suficientemente justificada. Aliás, Adolfo Casais Monteiro, que a deu a conhecer,[7] em nenhum momento a atribui a Ricardo Reis, referindo-se-lhe como uma composição lírica que, de fato, para além do uso da rima, me parece ter uma respiração, um ritmo, uma ligeireza até muito pouco comuns nesse heterônimo.

É também controversa a atribuição a Reis dos dois poemas variantes, dados a conhecer por João Gaspar Simões:[8]

Há uma cor que me persegue e que eu odeio,
Há uma cor que se insinua no meu medo.
Por que é que as cores têm força
De persistir na nossa alma,
Como fantasmas?
Há uma cor que me persegue e hora a hora
A sua cor se torna a cor que é a minha alma.

Uma cor me persegue na lembrança,
E, qual se for a um ente, me submete
À sua permanência.
Quanto pode um pedaço sobreposto
Pela luz à matéria escura encher-me
De tédio ao amplo mundo.

O biógrafo pessoano revela um texto inédito onde Pessoa exemplifica as três maneiras de fazer a "utilização da sensibilidade pela inteligência". O processo clássico é ilustrado precisamente, segundo Gaspar Simões – já que não temos acesso ao texto integral –, por aquelas duas versões, não afirmando sequer Fernando Pessoa, no excerto transcrito, que se trata aqui de composições à maneira de Ricardo Reis, é Gaspar Simões que o conclui. Assim sendo, e ainda que, evidentemente, de um ponto de vista formal não repugne essa atribuição, parece-me que a intenção expressa no texto por Pessoa de tão somente exemplificar um tipo de processo criativo não autoriza liminarmente essa conclusão.

A organização deste volume de *Poesia* é igualmente, como não poderia deixar de ser, passível de alguma discussão. A arrumação dos poemas de acordo com a sua data de publicação – primeiro, os publicados em vida pelo autor; a seguir, todos os outros – foi uma hipótese considerada à partida. No entanto, atendendo ao fato de que as odes dadas à estampa na revista *presença* nos surgem de forma avulsa (apenas com a indicação, por vezes, de "duas odes" ou "três odes"), conforme refiro na nota prévia, não lhes deve ser dado o mesmo tratamento do das primeiras vinte odes conhecidas. Privilegiou-se, por isso, a arrumação que o próprio autor deixa à vista, fazendo publicar esse conjunto no n° 1 de *Athena*. Saliente-se que a ode que neste volume surge com o n° 1, "Mestre, são plácidas", traz (testemunho 51-9r.) a indicação de fazer parte "Do Livro I das odes, provavelmente", o que faz pressupor que Pessoa mudou de ideia ao escolher as odes que integrariam, de fato, o *Livro primeiro*. O mesmo se terá passado, como vimos, em relação às odes cujos primeiros versos estão listados nos projetos de 1914, que foram refeitas para integrar o definitivo *Livro primeiro*.

Desse modo, a parte I do volume é constituída pelas odes que compõem o único conjunto efetivamente completado e decidido por Pessoa, englobando a parte II todas as outras odes e poemas, mais ou menos trabalhados, publicados avulsamente ou deixados inéditos.

Optei, nessa segunda parte, por uma apresentação cronológica, o que permite fazer a leitura da gênese e da evolução da obra de Ricardo Reis, e estabelecer um paralelo com a do seu criador. Verifica-se, assim, que o heterônimo Reis acompanha Fernando Pessoa desde a eclosão do seu talento poético até o último ano de vida (tendo a última composição datada sido escrita apenas cerca de quinze dias antes da morte do poeta...).

Pode igualmente ter-se uma ideia sobre os seus anos mais produtivos. O ano de 1914, sendo o ano pré-*Orpheu*, em que o desdobramento heteronímico ganha verdadeira consistência, foi, sem sombra de dúvida, o mais profícuo – 28 odes, a que se podem somar mais dez rascunhos ou primeiras versões das odes de *Athena*. A produção ricardiana cai nos anos seguintes, para voltar a aumentar significativamente em 1923 (dezoito textos), em vésperas da fundação da revista que viria a ser o primeiro grande palco de Reis. Novo fôlego se verifica entre 1927-33 (cerca de setenta composições), anos da sua colaboração na revista coimbrã.

Curiosamente, nenhum poema está datado de 1920, ano em que a família de Pessoa regressa da África do Sul, ano do namoro com

222 SOBRE ESTA EDIÇÃO

Ofélia, ano também em que (conforme tive ocasião de sublinhar no posfácio à edição do vol. II da *Correspondência* pessoana) o poeta só escreve (ou guarda cópia de cartas escritas) à namorada. O vazio relativo à criação poética de Reis parece inscrever-se, pois, dentro de uma mesma lógica.

A inclusão, no apêndice, (só) de alguns poemas lacunares poderá justificar-se, em primeiro lugar, por se tratar apenas de uma edição corrente que se pretende, porém, capaz de fornecer ao leitor estudioso e curioso um material mais amplo que, não estando completamente acabado (como, aliás, não completamente acabada, sublinhe-se de novo, está a grande parte dos textos de Ricardo Reis), é suscetível de uma perfeita leitura global. Eliminei, portanto, outros textos, de sua manifesta autoria, existentes no espólio numa fase de elaboração demasiado incipiente que não permitiria essa mesma leitura.

Faço, pois, ressaltar que a presente edição da *Poesia* de Ricardo Reis se destina a um público heterogêneo, não necessariamente especialista, eventualmente mesmo pouco conhecedor da obra pessoana. Ao leitor comum deve oferecer-se um texto ortograficamente atualizado, escorreito, "limpo" da ganga laboratorial que surge à vista, por exemplo, numa edição crítica genética. Mas o leitor comum, pelo fato de o ser, nem por isso merece menos uma edição fidedigna, que procure privilegiar a autenticidade do texto ricardiano. Daí que não só não seja possível, por tudo o que ficou dito, evitar *sobrecarregá-lo* com notas e explicações, como seja até desejável e obrigatório, como atrás dizia, dá-lo a ler na sua própria incompletude.

Esta é, por isso também, uma edição que se assume como podendo preencher a falta de um acessível instrumento de trabalho (e de prazer) que sirva fundamentalmente os que querem conhecer Fernando Pessoa na sua vertente, porventura menos estudada e conhecida, de neoclássico e neopagão, de "Horácio grego que escreve em português".[9]

2007

MANUELA PARREIRA DA SILVA

NOTAS

1. Ver artigo "Sobre uma ode de Ricardo Reis/ Duas versões ou dois poemas?", *Colóquio-Letras*, nº 88, pp. 67-72, nov. 1985.
2. Assunto desenvolvido em *Circum-navegando Fernando Pessoa*, Faculdade de Letras da Universidade de Coimbra, 1986, pp. 49-70.
3. Em *Estudos sobre Fernando Pessoa*. Lisboa: Imprensa Nacional; Casa da Moeda, 1981, p. 147.
4. Em *Páginas íntimas e de auto-interpretação*. Lisboa: Ática, 1966, p. 348.
5. Teresa Rita Lopes, *Pessoa por conhecer*. Lisboa: Estampa, 1990, vol. II, p. 358.
6. Fernando Pessoa, *Obra poética e em prosa*. Porto: Lello & Irmão, 1986, vol. II, p. 1070.
7. Ver *O insincero verídico*. Lisboa: Inquérito, 1954, p. 25.
8. Em *Novos temas*. Lisboa: Inquérito, 1938, pp. 191-2.
9. Frase solta do espólio na qual Fernando Pessoa assim define Reis.

RICARDO REIS

"TENHO MAIS ALMAS QUE UMA"

PAULO HENRIQUES BRITTO

Em janeiro de 1935, menos de um ano antes de sua morte, Fernando Pessoa enviou a Adolfo Casais Monteiro sua famosa "carta sobre a gênese dos heterônimos". Nesse texto fascinante, depois de mencionar os amigos imaginários de sua infância, com um dos quais chegou a manter uma correspondência, entra no tema da heteronímia propriamente dita:

> Aí por 1912, salvo erro (que nunca pode ser grande), veio-me à ideia escrever uns poemas de índole pagã. Esbocei umas coisas em verso irregular (não no estilo Álvaro de Campos, mas num estilo de meia regularidade), e abandonei o caso. Esboçara-se-me, contudo, numa penumbra mal urdida, um vago retrato da pessoa que estava a fazer aquilo. (Tinha nascido, sem que eu soubesse, o Ricardo Reis).[1]

Foi só em 1914 que surgiu Alberto Caeiro, o "mestre" de todos, inclusive do próprio Pessoa, que imediatamente tratou de descobrir para ele alguns discípulos:

> Arranquei do seu falso paganismo o Ricardo Reis latente, descobri-lhe o nome, e ajustei-o a si mesmo, porque nessa altura já o via. E, de repente, e em derivação oposta à de Ricardo Reis, surgiu-me impetuosamente um novo indivíduo. Num jato, e à máquina de escrever, sem interrupção nem emenda, surgiu a Ode triunfal de Álvaro de Campos – a Ode com esse nome e o homem com o nome que tem.[2]

Atente-se para a expressão "em derivação oposta". Essa passagem traz à luz a relação de complementaridade de contrários que há entre os dois heterônimos. Um dos raros poemas longos de Reis (e o único que vem com título), "Os jogadores de xadrez", conta a história de dois homens que, enquanto a cidade na qual vivem é saqueada e destruída, permanecem diante do tabuleiro "atentos só à inútil faina" do jogo. A atitude dos jogadores é apresentada como a postura correta de um epicurista diante da existência: a indiferença a tudo que é sério e grave, à "glória, a fama, a ciência, a vida". Contraste-se essa atitude com o mergulho frenético no turbilhão da vida que marca algumas páginas de Álvaro de Campos – pense-se, por exemplo, na identificação do eu lírico com o mundo náutico na "Ode marítima", que culmina em um momento de pura histeria, indicado por uma sucessão de linhas contendo interjeições em diferentes corpos de fontes. Em uma escala que vai da absoluta indiferença ao meio circundante à completa fusão do eu com o entorno, Reis e Campos ocupam os polos opostos.

Ricardo Reis, formalmente o mais conservador dos quatro principais nomes que formam a constelação poética Fernando Pessoa, é sob certos aspectos o discípulo mais fiel ao mestre de todos eles, Alberto Caeiro. Essa afirmativa pode causar estranheza em um primeiro momento. Afinal, em toda a sua obra Caeiro só utiliza a forma mais moderna de seu tempo – o verso livre de Whitman, expansivo e sempre terminado em pausa – enquanto Reis quase sempre trabalha com versos regulares, na maioria das vezes combinando dois metros diferentes, à maneira da lírica latina, e faz enjambements frequentes, como veremos mais adiante. Um contraste semelhante pode ser apontado no plano da dicção: se o tom de Caeiro é direto, ficando sempre bem perto do coloquial, tanto em termos de léxico como de estrutura gramatical, Reis recorre a um vocabulário repleto de latinismos, como "pegureiro" e "ergástulo"; e sua sintaxe é marcada por inversões radicais, como se em português fosse possível a mesma liberdade na ordenação dos termos da oração que o latim permite. O leitor por vezes é obrigado a reestruturar mentalmente toda a frase para compreender o que está sendo dito, como no verso "Em ti como nos outros creio deuses mais velhos" ou em "Tal me alta na alma a lenta ideia voa". No plano da forma, pois, Caeiro e Reis não poderiam oferecer um contraste maior. No plano do sentido, porém, as semelhanças saltam à vista.

Segundo Pessoa (ele mesmo), Ricardo Reis teria "intensificado e tornado artisticamente ortodoxo o paganismo descoberto por Caeiro".[3] Caeiro defende uma visão materialista da realidade, insistindo que as coisas são apenas o que são e não símbolos de outras coisas, e negando qualquer sentimento religioso além de um panteísmo visceral, não mediado por quaisquer abstrações intelectuais. Ele propõe uma linguagem poética que seja de todo transparente, dando acesso não mediado ao real apreensível pelos sentidos, o único real que há; as abstrações são excluídas de modo tão categórico quanto as metáforas. O discípulo Reis dá a essa visão de mundo uma roupagem neoclássica – mais exatamente, helenística. A atitude existencial expressa em sua poesia configura um misto de estoicismo com epicurismo, as filosofias que se espalharam pelo mundo helenístico e se infiltraram no Império Romano que o sucedeu. Tanto quanto Caeiro, Reis afirma o predomínio do real, do aqui e agora, e nega toda e qualquer transcendência; em sua poesia, porém, há toda uma ênfase – inexistente em Caeiro – na necessidade de aproveitar a vida antes que ela seja tragada pela morte. Em um poema de uma única estrofe, que retoma o tema horaciano do *carpe diem*, encontramos o que talvez seja o resumo mais perfeito da visão de mundo de Ricardo Reis:

> *Tão cedo passa tudo quanto passa!*
> *Morre tão jovem ante os deuses quanto*
> *Morre! Tudo é tão pouco!*
> *Nada se sabe, tudo se imagina.*
> *Circunda-te de rosas, ama, bebe*
> *E cala. O mais é nada.*

A afirmação de um materialismo radical, que em Caeiro coexiste com uma aceitação tranquila da realidade que apreendemos com os cinco sentidos, adquire em Reis um toque de tragicidade cuja força provém da ausência de derramamento emocional. O que torna impactante o verso final da ode transcrita a seguir é precisamente a natureza fria da conclusão nele expressa, a que se chega por uma dedução quase lógica: um corpo, um objeto no mundo físico, só pode sentir falta de outro corpo – de coisas concretas como olhos e bocas. Até mesmo olhares e risos são contados como abstrações, afastados que são em um grau do puramente concreto.

> *Aqui, dizeis, na cova a que me abeiro,*
> *Não stá quem eu amei. Olhar nem riso*
> *Se escondem nesta leira.*
> *Ah, mas olhos e boca aqui se escondem!*

Mãos apertei, não alma, e aqui jazem.
　　Homem, um corpo choro.

A presença dos deuses do panteão romano, tantas vezes evocados pelo poeta, não contradiz essa visão da vida humana como contingência pura, pois os deuses pagãos também estão sujeitos a vicissitudes semelhantes às que limitam a existência humana. Em um poema, Reis afirma:

Como acima dos deuses o Destino
　É calmo e inexorável,
Acima de nós-mesmos construamos
　Um fado voluntário

E em outro:

　Nós, imitando os deuses,
Tão pouco livres como eles no Olimpo,
　Como quem pela areia
Ergue castelos para encher os olhos,
　Ergamos nossa vida
E os deuses saberão agradecer-nos
　O sermos tão como eles.

Assim, é ao abraçar a vida humana com todas as suas limitações – uma vida marcada por reveses imprevisíveis e condenada à extinção completa – que o homem se iguala aos deuses, tão pouco livres do Destino quanto nós.

O neopaganismo de Reis é uma opção tanto estética quanto filosófica. Além de apontarem para as suas afinidades filosóficas com o mundo helenístico, os deuses atuam acima de tudo no sentido de se contrapor ao transcendentalismo cristão, a ideias como a da imortalidade da alma e a da redenção pelo sofrimento. Cristo só pode ser aceito como um deus a mais no panteão, mas não como deus único:

Não a ti, Cristo, odeio ou te não quero.
Em ti como nos outros creio deuses mais velhos.
Só te tenho por não mais nem menos
Do que eles, mas mais novo apenas.

Odeio-os sim, e a esses com calma aborreço,
Que te querem acima dos outros teus iguais deuses.
Quero-te onde tu stás, nem mais alto
Nem mais baixo que eles, tu apenas.

Em um prefácio aos *Poemas* de Caeiro, Reis observa:

Os deuses gregos representam a fixação abstrata do objetivismo concretizador. Nós não podemos viver sem ideias abstratas, porque sem elas não podemos pensar. O que devemos é furtar-nos a atribuir-lhes uma realidade que não derive da matéria de onde as extraímos. Assim acontece aos deuses. As ideias abstratas não têm realidade verdadeira: têm, porém, uma realidade humana, relativa apenas ao lugar que o animal homem tem na terra. Os deuses pertencem à categoria das abstrações, no que respeita à sua relação com a realidade, mas não pertencem a essa categoria como abstrações, porque o não são. Como as ideias abstratas nos servem para nos conduzirmos entre as coisas, os deuses servem-nos também para nos conduzirmos entre homens. Os deuses são portanto reais e irreais ao mesmo tempo. São irreais porque não são realidades, mas são reais porque são abstrações concretizadas.[4]

Em vários poemas, Reis deixa claro que sua crença nos deuses do paganismo não deve ser tomada de modo muito literal:

Os deuses e os Messias que são deuses
Passam, e os sonhos vãos que são Messias.
A terra muda dura.
Nem deuses, nem Messias, nem ideias
Me trazem rosas. Minhas são se as tenho.
Se as tenho, que mais quero?

Apesar do paganismo clássico e do rebuscamento sintático que marcam sua obra, não é difícil encontrar momentos na poesia de Ricardo Reis em que a proximidade a Caeiro seja particularmente visível – sem precisar citar o poema com a epígrafe "*à la manière de A. Caeiro*", lavrado em versos livres whitmanianos:

> *A mão invisível do vento roça por cima das ervas.*
> *Quando se solta, saltam nos intervalos do verde*
> *Papoulas rubras, amarelos malmequeres juntos,*
> *E outras pequenas flores azuis que se não veem logo.*

As semelhanças não estão apenas na visão de mundo, mas também por vezes na própria letra do texto. Comparem-se, por exemplo, uma estrofe de Reis com uma de Caeiro:

> *Deixa passar o vento*
> *Sem lhe perguntar nada.*
> *Seu sentido é apenas*
> *Ser o vento que passa...*
>
> —
>
> *Leve, leve, muito leve,*
> *Um vento muito leve passa,*
> *E vai-se, sempre muito leve.*
> *E eu não sei o que penso*
> *Nem procuro sabê-lo.*

Ou então a íntegra desta ode de Reis com a passagem de Caeiro transcrita logo em seguida:

> *Para quê complicar inutilmente,*
> *Pensando, o que impensado existe? Nascem*
>   *Ervas sem razão dada*
> *Para elas olhos, não razões, são a alma.*
> *Como através de um rio as contemplemos.*
>
> —

Nada pensa nada.
Terá a terra consciência das pedras e plantas que tem?
Se ela a tiver, que a tenha...
Que me importa isso a mim?
Se eu pensasse nessas coisas,
Deixaria de ver as árvores e as plantas
E deixava de ver a Terra,
Para ver só os meus pensamentos...

Até aqui, estamos tratando de Reis e Caeiro como se fossem poetas reais. Mas à parte todas as marcas da "influência" do mestre Caeiro sobre Reis, sabemos que ambos são criações ficcionais de Pessoa. Assim, é de esperar que encontremos também nas odes de Reis marcas deixadas pelo poeta ortônimo. Eis uma ode (e não a única, como veremos adiante) em que o principal tema de Pessoa (ele mesmo) – a ficcionalidade e ausência de unidade do eu – é abordado do modo mais direto:

Vivem em nós inúmeros;
Se penso ou sinto, ignoro
Quem é que pensa ou sente.
Sou somente o lugar
Onde se sente ou pensa.

Tenho mais almas que uma.
Há mais eus do que eu mesmo.
Existo todavia
Indiferente a todos.
Faço-os calar: eu falo.

Os impulsos cruzados
Do que sinto ou não sinto
Disputam em quem sou.
Ignoro-os. Nada ditam
A quem me sei: eu escrevo.

Com base no que foi dito, deve ter ficado claro que a originalidade da poesia de Ricardo Reis reside menos em sua atitude filosófica – cuja origem primeira, na verdade, não é Caeiro, e sim o epicurista Horácio – do que em sua fatura formal. Já comentamos as diferenças entre Reis e Caeiro quanto às opções de versificação e dicção; mas há outras igualmente importantes. Uma característica da poesia de Reis que contrasta não apenas com a de Caeiro, mas também com a de Álvaro de Campos, é sua concisão e economia de meios, bem diversa da tendência de Caeiro e Campos à explicitação e à prolixidade. Dentro do espaço muitas vezes exíguo que ele se concede, e a partir de um repertório na verdade bastante resumido de temas e ideias, Reis produz uma variedade de textos poéticos em que todos os recursos rítmicos, fonéticos, imagéticos e semânticos do idioma são explorados com virtuosismo extremo. Examinemos, pois, o aspecto formal de sua poesia. É bem elucidativa esta passagem, atribuída ao próprio Ricardo Reis, em que se defende a utilização de recursos formais rigorosos:

> Como o estado mental, em que se a poesia forma, é, deveras, mais emotivo que aqueles em que naturalmente se forma a prosa, há mister que ao estado poético se aplique uma disciplina mais dura que aquela que se emprega no estado prosaico da mente. E esses artifícios – o ritmo, a rima, a estrofe – são instrumentos de tal disciplina.[5]

Para investigar a riqueza desse corpus poético, portanto, há que examinar as práticas de versificação que o caracterizam. O próprio Ricardo Reis resume sua poética em uma ode de uma única estrofe:

> *Ponho na altiva mente o fixo esforço*
> *Da altura, e à sorte deixo,*
> *E às suas leis, o verso;*
> *Que, quando é alto e régio o pensamento,*
> *Súdita a frase o busca*
> *E o scravo ritmo o serve.*

Em outras palavras, bastaria um pensamento elevado para que os versos se escrevessem por si próprios, ditados pelo acaso e pelas regras de versificação. A afirmativa talvez não seja tão irreal quanto pode parecer a muitos leitores. De fato, Pessoa, encarnado na persona Ricardo Reis, de tal modo internalizava uma determinada maneira de compor versos que é bem possível que a escrita de seus poemas se desse de modo quase automático. Como veremos a seguir, a estrutura formal da grande maioria das peças desse corpus parte de alguns princípios básicos, porém permite um grau elevado de liberdade – estamos aqui a meio caminho entre o verso livre e uma forma fechada como o soneto. Vejamos o que Pessoa quer dizer em sua famosa carta a Casais Monteiro quando fala no "estilo de meia regularidade" de Reis.

Uma típica ode de Ricardo Reis é composta de versos não rimados e metricamente regulares, obedecendo a dois contratos métricos diferentes. O primeiro poema transcrito neste posfácio será repetido aqui; ele representa o padrão mais comum no corpus do autor:

Tão cedo passa tudo quanto passa!
Morre tão jovem ante os deuses quanto
  Morre! Tudo é tão pouco!
Nada se sabe, tudo se imagina.
Circunda-te de rosas, ama, bebe
  E cala. O mais é nada.

A estrofe contém seis versos; os dois primeiros são decassílabos e o terceiro, hexassílabo; os três versos que complementam a estrofe única do poema repetem a mesma configuração métrica; não há rimas. Podemos resumir a estrutura métrica desse poema de estrofe única como (2 decas. + 1 hexas.) × 2. Essa mistura de decassílabos com hexassílabos, com predomínio numérico dos versos mais longos, é o formato predileto de Ricardo Reis.[6] Veremos adiante que os metros utilizados nem sempre são esses dois, e que a maneira de combinar os dois tipos de verso na estrofe também varia; mas na vasta maioria dos casos os princípios serão essencialmente os mesmos.

Já observamos que a diferença formal mais evidente entre os poemas de Caeiro e os de Reis é o contraste entre os versos livres de um e os versos quase sempre medidos do outro. Mas vimos também que essa não é a única distinção. O verso livre de Caeiro é o que foi introduzido na moderna poesia ocidental por Walt Whitman: uma linha longa quase sempre terminada em pausa. Já o verso de Reis, além de seguir os padrões prosódicos tradicionais, faz uso frequente do enjambement, como exemplifica "Tão cedo passa": do segundo para o terceiro verso temos uma sucessão de palavras que não pode ser interrompida por nenhuma pausa; e do quinto ao sexto a fronteira entre os versos é apagada de modo ainda mais radical, já que a vogal átona final de "bebe" tende a se fundir com a conjunção que abre o verso final (o que articulamos e ouvimos é "bebicala"). A pausa final do quinto verso é, portanto, deslocada para depois da terceira sílaba do sexto, e com isso cria-se um efeito de rima toante – uma variedade de rima incompleta, em que só as vogais são consideradas – entre "cala" e "nada". Com isso, ressoam mais três rimas toantes: duas no primeiro verso, com duas ocorrências de "passa", e a outra no início do quarto verso, com a primeira ocorrência de "nada". Assim, as rimas incompletas e as pausas sintáticas contrariam o corte dos versos indicado pela presença de decassílabos e hexassílabos, criando um sofisticado efeito de contraponto rítmico. O poema tal como é ouvido, em contraste com a mancha gráfica do texto, tem uma fórmula diferente, que combina versos de dez, doze e quatro sílabas – (1 decas. + 1 dodecas. + 1 tetras.) × 2. Ou seja (sublinhando-se os efeitos de rima):

Tão cedo passa tudo quanto passa!
Morre tão jovem ante os deuses quanto morre!
Tudo é tão pouco!
Nada se sabe, tudo se imagina.
Circunda-te de rosas, ama, bebe e cala.
O mais é nada.

Outra ode já transcrita acima revela uma utilização diferente de assonância e rima em posição não final. A fórmula métrica (2 decas. + 1 hexas.) × 2 – a mesma de "Tão cedo passa" – é o principal recurso estruturante do poema, mas também é importante a contribuição dada pelas recorrências de -ei(s) e -eira/o, sempre antes de pausa, que costuram a peça do primeiro ao penúltimo verso:

Aqui, dizeis, na cova a que me abeiro,
Não stá quem eu amei. Olhar nem riso
Se escondem nesta leiva.
Ah, mas olhos e boca aqui se escondem!
Mãos apertei, não alma, e aqui jazem.
Homem, um corpo choro.

Observe-se que, das onze pausas do poema, cinco se dão após uma ocorrência de ei, eis, eiro ou eira:

Aqui,
dizeis,
na cova a que me abeiro,
Não stá quem eu amei.
Olhar nem riso se escondem nesta leiva.
Ah,
mas olhos e boca aqui se escondem!
Mãos apertei,
não alma,
e aqui jazem.
Homem, um corpo choro.

A configuração métrica (2 decas. + 1 hexas.), embora a mais comum em Reis, está longe de ser a única. Na ode que examinamos a seguir, a fórmula é (2 pentassílabos + 1 dissílabo) × 3:

Coroai-me de rosas,
Coroai-me em verdade
De rosas –
Rosas que se apagam
Em fronte a apagar-se
Tão cedo!

Coroai-me de rosas
E de folhas breves.
E basta.

A estruturação rítmica complexa desse poema pede uma análise um pouco mais detalhada. Representemos as sílabas que levam acento primário por meio de barras (/); as com acento secundário, contrabarras (\); as átonas, hifens (-); e as pausas, traços verticais duplos (||). Teremos, então, o seguinte diagrama:

Coroai-me de rosas,	- / - - / - ||
Coroai-me em verdade	- / - - / -
De rosas –	- / - ||
Rosas que se apagam	/ - - - / -
Em fronte a apagar-se	- / - - / -
Tão cedo!	\ / - ||
Coroai-me de rosas	- / - - / -
E de folhas breves.	- - / - / - ||
E basta.	- / - ||

Se ignorarmos o corte gráfico dos versos e dispusermos lado a lado as marcas de acentuação de sílabas, temos o seguinte:

- / - - / - || - / - - / - - / - || / - - - / - - / - - / - \ / - || - / - - / - - - / - / - || - / - ||

Lendo o diagrama linear da esquerda para a direita, observamos o predomínio da célula métrica formada por três sílabas segundo a fórmula - / - (ou seja, tempo fraco, tempo forte, tempo fraco). São doze ocorrências dessas células ao todo, sublinhadas e numeradas abaixo para facilitar sua visualização:[7]

- / - - / - || - / - - / - - / - || / - - - / - - / - - / - \ / - || - / - - / - - - / - / - || - / - ||
  1   2   3 4 5   6 7 8   9 10   11 12

Assim, os três primeiros versos do poema são formados por uma cadeia de cinco células ternárias do tipo - / - . No português – como também em outros idiomas europeus –, os ritmos ternários, sendo bem menos comuns que os binários (que podemos exemplificar com "Quem conta um conto aumenta um ponto", - / - / - / - / -), tendem a ser apreendidos como de algum modo mais musicais. Dito de outra forma, os ritmos ternários chamam a atenção do leitor/ ouvinte para o plano rítmico do poema: são *marcados*, para usar um conceito de Roman Jakobson. A sequência de cinco células ternárias formada pelos três primeiros versos é interrompida por uma pausa (assinalada no texto pelo travessão ao final do terceiro verso) seguida por "Rosas que se apagam" (/ - - - / -), uma passagem que quebra o ritmo ternário que vigorava até então, com uma sequência quaternária, formada por uma sílaba acentuada e três átonas, seguida de outra binária, formada por uma acentuada e uma átona. Essa quebra rítmica reforça o contraste entre o caráter positivo dos três versos iniciais – em que o eu lírico pede, em um ritmo marcado, que o coroem de rosas – e o tom melancólico da consciência de que as rosas em pouco tempo fenecem. Mas a segunda parte da constatação – a de que a fronte do eu lírico é tão efêmera quanto as flores que vão coroá-la – é paradoxalmente acompanhada pela volta do ritmo - / - do início do poema, que só é quebrado outra vez no início do penúltimo verso ("E de fo-"); por fim, as seis últimas sílabas do poema retomam o ritmo ternário original, formando mais duas células de tipo - / - ("-lhas breves. E basta.").

Assim, a ode estabelece um diálogo entre o plano semântico e o plano rítmico, em que a oscilação entre celebração da vida presente e consciência da finitude se espelha na alternância entre o ritmo - / - e as breves irrupções de ritmos diferentes. A musicalidade do poema é também ressaltada pelas repetições de palavras e expressões – "coroai-me", "de rosas", "se apagam"/ "apagar-se" – e também pelas duas ocorrências da consoante /b/ nas duas últimas sílabas tônicas do poema, em "breves" e "basta".

Podemos encontrar diversos outros formatos métricos na poesia de Reis, inclusive – como já vimos antes, em "Vivem em nós inúmeros" – poemas compostos em um metro regular único. Outro formato misto particularmente interessante é a combinação de eneassílabo como verso longo e tetrassílabo como verso curto, que aparece em ao menos dois poemas do corpus. Examinemos um deles, cuja fórmula é (3 eneas. + 1 tetras.) × 5. Eis as duas primeiras das cinco estrofes.

De Apolo o carro rodou pra fora
Da vista. A poeira que levantara
Ficou enchendo de leve névoa
    O horizonte

A flauta calma de Pã, descendo
Seu tom agudo no ar pausado,
Deu mais tristezas ao moribundo
    Dia suave.

Aqui os versos longos têm nove sílabas, divididas em duas ocorrências da célula - / - / - , e o verso curto reproduz uma única ocorrência da célula, como podemos ver na primeira estrofe:

De Apolo o carro rodou pra fora	- / - / - - / - / -
Da vista. A poeira que levantara	- / ‖ - / - - \ - / -
Ficou enchendo de leve névoa	- / - / - - / - / -
O horizonte	- / - / - ‖

A regularidade métrica fica mais clara se reproduzirmos cada célula em uma única linha:

De Apolo o carro	- / - / -
rodou pra fora	- / - / -
Da vista. A poeira[8]	- / ‖ - / -
que levantara	- / - / -
Ficou enchendo	- / - / -
de leve névoa	- / - / -
O horizonte	- / - / - ‖

Como o eneassílabo consiste em duas ocorrências justapostas da célula - / - / - , no meio de cada verso longo ocorre uma sequência de duas sílabas átonas (a última da primeira ocorrência da célula seguida pela primeira da segunda), o que provoca certa quebra na leitura, um efeito rítmico um tanto desconcertante que o leitor perceberá se ler essas estrofes em voz alta enfatizando o intervalo entre as células. Esse verso esquisito e raramente usado na poesia lusófona aparece na obra de António Nobre e na de Camilo Pessanha, poeta por quem Pessoa tinha a maior admiração. É também, vale notar, o metro seguido (ainda que não tão à risca) pelo poema "Desencanto", que abre o livro de estreia de Manuel Bandeira, *A cinza das horas*. Nem todos os poemas de Ricardo Reis são metrificados de modo convencional. Em uns poucos casos, ele utiliza versos heterométricos que à primeira vista parecem ser livres. Já citamos acima um exemplo desse tipo de ode, "Não a ti, Cristo". Vejamos agora outro, de oito estrofes, das quais examinaremos em detalhe apenas as duas primeiras:

Vem sentar-te comigo, Lídia, à beira do rio.
Sossegadamente fitemos o seu curso e aprendamos
Que a vida passa, e não estamos de mãos enlaçadas.
    (Enlacemos as mãos.)

Depois pensemos, crianças adultas, que a vida
Passa e não fica, nada deixa e nunca regressa,
Vai para um mar muito longe, para ao pé do Fado,
    Mais longe que os deuses.

Como observa o poeta e pesquisador Érico Nogueira,[9] aqui Pessoa/Reis tenta recriar em português a distribuição de acentos por verso que encontramos na famosa Ode I, 11 de Horácio – a que contém, em seu verso final, a famosa expressão *carpe diem*. Cada verso longo de "Vem sentar-te comigo" contém seis acentos (dispostos no esquema 3+3) ou cinco acentos (em 2+3 ou 3+2); os curtos que fecham as estrofes têm sempre três acentos, como se pode verificar no esquema abaixo. Na primeira coluna, transcrevemos novamente o texto das duas estrofes, indicando com o símbolo | a divisão em duas partes dos versos longos proposta por Nogueira e marcando as sílabas com acentos primário e secundário, usando os mesmos símbolos empregados nas tabelas anteriores; na segunda, indicamos a contagem de acentos.

/	/	/	/	/	/	6 (3+3)

Vem sentar-te comigo, | *Lídia, à beira do rio.*

\	\	/	/	/	/	6 (3+3)

Sossegadamente | *fitemos o seu curso e aprendamos*

/	/	/	/	/	5 (2+3)

Que a vida passa, | *e não estamos de mãos enlaçadas.*

\	/	/	3

(Enlacemos as mãos.)

/	/	/	/	/	5 (2+3)

Depois pensemos, | *crianças adultas, que a vida*

/	/	/	/	/	5 (2+3)

Passa e não fica, | *nada deixa e nunca regressa,*

/	/	/	/	/	5 (3+2)

Vai para um mar muito longe, | *para ao pé do Fado,*

\	/	/	3

Mais longe que os deuses.

Nogueira observa que esse poema utiliza uma maneira nova de recriar em português os metros latinos. No latim, o que determinava a forma dos versos era a quantidade vocálica – a distinção entre sílabas longas e breves, importada da versificação grega, uma distinção que só pode ser reproduzida em português através de um artificialismo extremo. Sabe-se, porém, que a colocação de acentos também era computada, e é essa característica do verso latino, perfeitamente realizável nas línguas modernas, que é recuperada por esse heterônimo de Pessoa.

No corpus poético de Ricardo Reis, mais raros ainda que os poemas com métrica semelhante à de "Vem sentar-te comigo" são os que lançam mão de rimas regulares, como este, que mistura versos de dez e seis sílabas em uma proporção diferente da que ocorre nos exemplos vistos até agora – (3 decas. + 1 hexas.) × 2:[10]

Aqui, neste misérrimo desterro
Onde nem desterrado estou, habito,
Fiel, sem que queira, àquele antigo erro
Pelo qual sou proscrito.

O erro de querer ser igual a alguém –
Feliz, em suma – quanto a sorte deu
A cada coração o único bem
De ele poder ser seu.

Para encerrar, analisemos mais uma ode, em que Pessoa/ Reis demonstra seu domínio absoluto das ferramentas da língua portuguesa, em todos os planos. Adotaremos em nossa análise a conhecida classificação dos recursos poéticos proposta por Ezra Pound: logopeia (efeitos de sentido), fanopeia (efeitos de imagem) e melopeia (efeitos de som).[11]

Já sobre a fronte vã se me acinzenta
O cabelo do jovem que perdi.
Meus olhos brilham menos.
Já não tem jus a beijos minha boca.
Se me ainda amas, por amor não ames:
Traíras-me comigo.

Mais uma vez, a fórmula da estrofe única do poema é (2 decas. + 1 hexas.) × 2. Aqui só temos enjambement no final do primeiro verso; todos os outros terminam com pausa, sempre assinalada pela pontuação. Comecemos examinando o que se dá no plano do sentido. O eu lírico de agora, com a aproximação da velhice, já não é a mesma pessoa por quem se apaixonou o ser amado; ciente desse fato, ele pede ao ser amado que, se ainda o ama, cesse de amá-lo, pois amar o eu de agora seria trair o eu de outrora. O pedido paradoxal que encerra o poema é um excelente exemplo de logopeia: aqui o poeta manipula categorias semânticas – amor, traição – de maneira lúdica, fazendo com que a verdadeira prova de amor seja não amar, e afirmando que a fidelidade a alguém de agora seria uma traição a esse mesmo alguém de um tempo anterior. É mais uma ocorrência do tema da falta de unidade do eu, o grande tema de todos os Pessoas. Mas, se relermos os primeiros versos, veremos que já no início do poema há um malabarismo semântico surpreendente: não se trata de o eu lírico estar perdendo o cabelo – como pode dar a entender uma primeira leitura apressada, que se confunda com a sintaxe um tanto arrevesada –, e sim de ter o eu lírico perdido o jovem cujo cabelo não era grisalho. O poema, portanto, começa e termina com efeitos de logopeia.

Passemos para a fanopeia. No plano da imagem, os quatro primeiros versos esboçam um rosto, o rosto do eu lírico, começando pelo alto – fronte, cabelo –, baixando para os olhos e chegando até a boca. Nesse momento, cessa a fanopeia, e os dois versos finais expõem um pedido fundado em uma lógica paradoxal, como já vimos. Aqui, portanto, a linguagem se torna abstrata, e não há mais imagens. Como veremos a seguir, há uma ligação estreita entre esse fato – a supressão das imagens nos dois últimos versos – e o que se passa no plano sonoro, o plano da melopeia, o qual passamos a examinar agora. Trata-se de uma extraordinária demonstração de virtuosismo técnico.

Podemos dizer que o que ocorre nesse poema é uma verdadeira *semantização do plano fonológico* – isto é, o estabelecimento de uma ligação direta entre o plano dos sons e o plano do sentido. Três fonemas consonantais – /ʒ/ (jê), /b/ (bê) e /m/ (mê) – são utilizados de tal modo que um efeito de sentido é criado ora pela presença deles, ora pela sua ausência. Nos três primeiros versos do poema, temos duas ocorrências de /ʒ/, três de /b/ e três de /m/:

Já sobre a fronte vã se me acinzenta
O cabelo do jovem que perdi.
Meus olhos brilham menos.

O quarto verso – o que apresenta, no plano das imagens, a boca do eu lírico – é a chave de todo o poema, o lugar em que se enuncia o argumento que justificará o pedido paradoxal dos dois versos finais:

Já não tem jus a beijos minha boca.

Nesse verso, temos apenas uma ocorrência de /m/, porém três de /ʒ/ e duas de /b/. E no centro do verso vamos encontrar "beijos", que finalmente reúne em uma só palavra os sons /b/ e /ʒ/, até agora ouvidos em separado. Mas o que esse verso faz no plano do sentido, ao mesmo tempo que inclui a palavra "beijo" e evoca de modo repetido os sons consonantais que a compõem, é justamente *proibir* os beijos. Acatando essa proibição, os sons de /b/ e /ʒ/, presentes nos três primeiros versos e tão destacados no quarto, são excluídos por completo dos versos finais; e o que predomina agora, com nada menos do que seis ocorrências, é o /m/ – o som contido em "mãe" e "mamar", que representa a súplica inarticulada do bebê pelo seio materno. É a essa condição que a idade reduz o eu lírico:

Se me ainda amas, por amor não ames:
Traíras-me comigo.

Assim, ao longo do poema os sons /b/ e /ʒ/, que aparecem juntos em "beijos", são associados à condição perdida do eu lírico, de jovem viril dotado de atrativo e agência sexual. A supressão desses sons nos dois versos finais vem junto com a predominância de /m/, fonema que também já aparecia a partir do primeiro verso, mas que agora passa a significar a situação do eu lírico mais velho, que não merece mais beijos e está reduzido à condição de um bebê assexuado. Para os fins desse poema – e, é claro, só para ele –, essas três consoantes do português adquirem, portanto, significados específicos; e é justamente na medida em que ao ler/ouvir o poema assumimos esses sentidos – mesmo que não tenhamos consciência do fato – que seu impacto emocional é tão forte. Esse efeito vem se somar à inquietação produzida na consciência pela afirmação de que, dado o contexto do poema, a fidelidade amorosa se transforma em traição, e a verdadeira prova de amor é não amar.

A capacidade de utilizar os recursos sonoros, imagéticos e semânticos de seu idioma de modo que eles ora se reafirmem, ora se contradigam, fazendo com que um curto poema permita e até mesmo exija inúmeras releituras – essa é a marca dos grandes poetas. Se a obra pessoana se resumisse aos duzentos e tantos poemas e fragmentos que compõem o corpus de Ricardo Reis – o menos lido e estudado dos quatro principais poetas da constelação Pessoa –, ela já mereceria um lugar de destaque na literatura lusófona do século XX.

NOTAS

1. Fernando Pessoa, *Páginas de doutrina estética*. 2. ed. Lisboa: Inquérito, [s.d.], p. 201. Todas as citações aqui feitas da obra de Pessoa, em verso e prosa, podem ser encontradas no site Arquivo Pessoa (Disponível em: <http://arquivopessoa.net>).

2. Ibid., p. 202. O biógrafo mais recente de Pessoa contesta a cronologia da gênese dos heterônimos apresentada nesta carta. Veja Richard Zenith, *Pessoa: Uma biografia* (São Paulo: Companhia das Letras, 2022).

3. Fernando Pessoa, *Páginas íntimas e de auto-interpretação*. Lisboa: Ática, 1966, p. 95.

4. Ibid., pp. 399-400.

5. Ibid., p. 396.

6. O que leva Álvaro de Campos a comentar com ironia – citando a ode "Ponho na altiva mente" – que não entende por que "as emoções, nem mesmo as do Reis", tenham de ser expressas "em ritmos escravos que não podem acompanhar as frases súditas senão em dez sílabas para as duas primeiras, e em seis sílabas as duas segundas". Ibid., p. 390.

7. Note-se que a oitava célula ternária ($\setminus$ / -) tem como primeiro tempo uma sílaba com acento secundário; no contexto imediato de um acento primário, porém, o acento secundário conta como tempo fraco.

8. Aqui há uma fusão da sílaba final de "vista" com o artigo "a", de modo que a pausa não chega a configurar uma interrupção completa do fluxo sonoro.

9. Érico Nogueira, "Versos de medição greco-latina em 'Vem sentar-te comigo, Lídia, à beira do rio' de Ricardo Reis", *Revista Letras* (UFPR) nº 89, pp. 173-86, jan.-jun. 2014. Disponível em: <https://revistas.ufpr.br/letras/article/viewFile/35354/23109>. Acesso em: 23 dez. 21. Agradeço a André Capilé por me chamar a atenção para esse texto importante.

10. Para o leitor brasileiro, o primeiro verso da segunda estrofe pode parecer ter uma sílaba a mais. Mas os portugueses tendem a pronunciar "querer" como "qu'rer", em uma única sílaba.

11. Veja os capítulos 4 e 8 de Ezra Pound, *ABC da literatura* (Trad. de Augusto de Campos e José Paulo Paes. 11. ed. São Paulo: Cultrix, 2006).

SOBRE O AUTOR

Fernando (António Nogueira) Pessoa nasceu em 1888, em Lisboa. Depois da morte do pai, em 1893, foi morar com a mãe e o padrasto em Durban, na África do Sul, onde completou os estudos, formando-se pela Universidade do Cabo da Boa Esperança – experiência que lhe deu um domínio seguro do inglês, língua na qual escreveu poemas desde os treze anos, publicados nos livros *Antinuos*, *Sonnets* e *English Poems*. Em 1905, fixou-se em Lisboa e no ano seguinte matriculou-se no curso de letras, mas logo o abandonou para montar uma tipografia, que também durou pouco. Passou a trabalhar para casas comerciais, como responsável pela correspondência em inglês e francês, atividade que exerceu até o fim da vida. Em 1912 publicou seu primeiro artigo, "A nova poesia portuguesa sociologicamente considerada", na revista *A Águia*.

Em 1914, escreveu os primeiros poemas dos heterônimos Alberto Caeiro, Álvaro de Campos e Ricardo Reis, aos quais daria personalidades complexas ("pus no Caeiro todo o meu poder de despersonalização dramática, pus em Ricardo Reis toda a minha disciplina mental, vestida da música que lhe é própria, pus em Álvaro de Campos toda a emoção que não dou nem a mim nem à vida"). Alberto Caeiro, considerado por Pessoa o "mestre" dos outros dois e dele próprio, é "o guardador de rebanhos", um homem de visão ingênua e instintiva, entregue às sensações. Como explicou o poeta: "Alberto Caeiro nasceu em Lisboa, mas viveu quase toda a sua vida no campo. Não teve profissão nem educação quase alguma".

Sob o nome de Bernardo Soares, Fernando Pessoa escreveu os fragmentos mais tarde reunidos no *Livro do desassossego*. No ano seguinte, com escritores como Almada Negreiros e Mário de Sá-Carneiro, lançou a revista de poesia de vanguarda *Orpheu*, da qual era diretor, marco do modernismo em Portugal e que daria grande projeção ao poeta. O único livro de poesia em português que publicou em vida foi *Mensagem* (1934), marcado pela visão mística e simbólica da história lusa. Fernando Pessoa morreu em 1935, num hospital de Lisboa, em decorrência de uma cólica hepática.

Dele, a Companhia das Letras já publicou *Aforismos e afins*, *Correspondência 1905-1922*, *Ficções do interlúdio*, *A língua por-*

tuguesa, Lisboa: o que o turista deve ver, Livro do desassossego, Mensagem, Poesia – Alberto Caeiro, Poesia – Álvaro de Campos, Poesia – Ricardo Reis, Poesia 1902-1917, Poesia 1918-1930 e Poesia 1931-1935 e não datada.

Copyright desta edição © 2022 by Companhia das Letras

Grafia atualizada segundo o Acordo Ortográfico da Língua Portuguesa de 1990, que entrou em vigor no Brasil em 2009.

Capa e projeto gráfico Elaine Ramos e Julia Paccola
Foto de capa *Taking Leave from Park*, têmpera sobre tela de Eleonore Koch, 72 × 92 cm, 1987. Foto de Sérgio Guerini/ Coleção particular
Fotos de miolo retrato de Fernando Pessoa: Art Collection 3/ Alamy/ Fotoarena; manuscritos: Acervo da Biblioteca Nacional de Portugal
Revisão Jane Pessoa, Ana Maria Barbosa e Clara Diament

Dados Internacionais de Catalogação na Publicação (CIP)
(Câmara Brasileira do Livro, SP, Brasil)

Poesia completa de Ricardo Reis / Fernando
Pessoa; organização Manuela Parreira da Silva. – 1ª ed. –
São Paulo: Companhia das Letras, 2022.

ISBN 978-65-5921-125-8

1. Poesia portuguesa I. Silva, Manuela Parreira
da. II. Título.

22-123955   CDD-869.1

Índice para catálogo sistemático:
1. Poesia : Literatura portuguesa 869.1
Cibele Maria Dias - Bibliotecária - CRB-8/9427

[2022]
Todos os direitos desta edição reservados à
EDITORA SCHWARCZ S.A.
Rua Bandeira Paulista, 702, cj. 32
04532-002 – São Paulo – SP
Telefone: (11) 3707-3500
www.companhiadasletras.com.br
www.blogdacompanhia.com.br
facebook.com/companhiadasletras
instagram.com/companhiadasletras
twitter.com/cialetras

Esta obra foi composta por Elaine Ramos, Julia Paccola e Tânia Maria em Molitor Display e Acta e impressa pela Geográfica em ofsete sobre papel Pólen Soft da Suzano S.A. para a Editora Schwarcz em outubro de 2022

A marca FSC® é a garantia de que a madeira utilizada na fabricação do papel deste livro provém de florestas que foram gerenciadas de maneira ambientalmente correta, socialmente justa e economicamente viável, além de outras fontes de origem controlada.